明治図書

教師の口グセ変換100

端 裕介

まえがき

教師の口グセで損をする

「あなたが心配だから言っているんだよ」

「約束したよね？　なんで約束を守らないの？」

「いったい誰の責任？　あなたは学級委員でしょ？」

「今はおしゃべりする時間かな？」


学校で子どもと接していると、つい口にしてしまう言葉があります。教師の口グセです。これらの口グセは、一見すると問題に感じないかもしれません。生徒指導や教科指導では欠かせない言葉であると考えるかもしれません。しかし、その言葉を発してしまったせいで、子どもとの関係が悪くなったことはないでしょうか。後になって「もっと別の言い方をすればよかった」と思ったことはないでしょうか。私は何度も後悔してきました。

本書は、そのような教師の口グセを一〇〇個取り上げ、口グセの背景や影響、そして言い換えの例について紹介します。いずれの言葉も、周りの先生が使うのを耳にしたことや、思わず口にした経験があるかもしれません。あるいは、先生方が子どもの頃に当時の先生から言われたかもしれません。教師の口グセには次のようなパターンがあります。

- **決めつけグセ**…子どもの事情を聞かずに教師が答えを決めつけて言葉にする
- **問いグセ**…指示や指導なのに疑問形にして子どもにぶつける
- **皮肉グセ**…皮肉を込めたり、「いじる」気持ちをもったりして言葉を出す
- **遠まわしグセ**…子どもに気付かせようとして婉曲な表現を使う
- **蒸し返しグセ**…過去の指導や子どもの失敗と今の状況を関連付ける
- **わかった風グセ**…子どもの将来について、本人よりわかったつもりになる

教師としての慣れや固定観念を省みることなく過ごしていると、これらの口グセが根付いてしまいます。そして、子どもとの関係づくりがうまくいかない要因になります。

4つのステップで口グセを言い換える

教師の口グセは仕方がないものではありません。言葉の背景には、子ども観や指導観が影響します。発言する際に、次の四つを意識しましょう。口グセが変わります。

①言葉にする前の感情と向き合う
②口グセを頭の中で文字にしてみる
③本当に伝えたいことを考える
④本当に伝えたいことに合わせた表現にする

最初に、言葉を発する前に自分の感情を客観視します。焦りや怒りがこもっていると、温かみのある言葉は出づらくなります。次に、口グセを頭の中で文字にしてみます。文字にすると「誤解を招くかもしれない」「言葉が強いな…言いすぎかな」と冷静になる余裕が出ます。次に、子どもに対して本当に伝えたいことを考え、それに合わせた表現にします。表現については、文言だけではなく、表情や伝える場所、間の取り方まで考えます。

これらのポイントを意識して使うには練習が必要です。最初の内は振り返りながら、代わりの言葉を考えましょう。繰り返すと、数秒もあれば言葉を言い換えることができます。数秒間であっても、指導の場面で考える余裕はないと思う人もいるかもしれません。しかし、いじめなどの重大な問題や、安全を脅かす事態ではない場合は、言葉を発する「溜め」があっても問題ありません。むしろ子どもたちからすると、教師が沈黙を数秒続ければ「あれ、先生が何か言おうとしている…」と気付いて、聞く雰囲気ができる場合があります。間を取ることで、言葉の重みが増します。

本書は生徒指導・学級経営・授業の三章で構成されます。順番にこだわらずに、目次をさっと見て、気になった言葉から読み始めるのもよいと思います。読み進めていくと、口グセを抑えて言い換えるポイントが具体的に見えてくると考えます。

私たち教師は、言葉を扱って他者とかかわる職業です。教師の口グセを乗り越えて、思いを込めた言葉を使うきっかけとして、本書がお役に立てば幸いです。

二〇二五年二月

川端　裕介

もくじ

学級経営のログセ変換

授業のログセ変換

生徒指導

のログセ変換

1 きちんとしなさい！ だらしない

学校では「きちんとすべき場面」がたくさんあります。時間を守る他、提出物や整理整頓、話を聞く姿勢、身だしなみなど、子どもは大変です。教師としては、きちんとしていない生徒が目に入ると「声をかけないといけない」と感じるはずです。

その際に「きちんとしなさい！」と叱っても、言われた子どもはどうすればよいか困ります。教師からすれば「きちんとする」基準はわかっても、当の子どもにとってはわからないからです。

さらに、「だらしない」と付け足すのは問題です。指示の後に評価をする形になりますが、「だらしないからきちんとしなさい」と言う場合と比べると、子どもに追い打ちをかける表現になります。子どもは渋々片付けたり、その場では反省の意を示したりしても、納得していないので行動の改善にはつながりません。

GOOD!

○○を確認しよう。…どうだったかな？

きちんとしていない対象を明確にして指示を出します。「締め切りを確認しよう」や「ロッカーの物の置き方を確認しよう」などです。子どもが確認をしたら「どうだったかな？」と意見を求めます。そうすると、子どもは「自分がきちんとしていなかった」という状況に気付きます。**叱責ではなく、指示と問いを組み合わせることで、子どもの気付きを促します。**

子どもによっては、自分の目で確認しても状況を客観視できない場合があります。例えば、カバンや机の中が乱雑なことに気付かないなどです。その時は「片付け名人が現れたとしたら、どう変えると思う」など、別の視点への着目を促します。時間を守る意識が弱い場合は、「頭の中に時計を置いてみよう」といった声かけが効果的です。叱責することなく、子どもの意識を変えるために具体的なイメージを想起しやすい言葉を使いましょう。

2 けじめがない

「けじめがない」は、教室で子どもがルールを守らない時や行動を切り替えてほしい時に、しばしば使われます。その影響か、子どもが生活目標を決める時に「けじめをつける」や「みんなでしっかりけじめをつけよう」などの表現を使うこともよくあります。

しかし、逆に教師が「けじめがあるね」や「けじめをつけるのが上手なクラスだ」と評価することはめったにありません。なぜなら「けじめのついた状況」を具体的に思い描きづらいからです。子どもにとっては、改善の方向性があいまいであるため、「けじめがない」と言われてもどうしたらよいか迷います。結果的に、叱られないように様子をうかがい、積極的な行動を控える場合があります。

「けじめがない！」のようにゴールが見えない叱責は、子どもを受け身にさせます。叱る時には、子どもにとって成長への道が見えることが大切です。

「けじめがない！」と言いたくなる時は、まず「何かあったかな？」と確認しましょう。ルールの逸脱について、ひょっとすると、子どもなりの言い分があるかもしれません。他のことに注意が向いた理由があるかもしれません。

子どもに確認した結果、大した理由ではなく、子どもの不注意だとわかってから、行動の改善を促します。問いかけを通して子どもが「まずかった…」と自覚している場合は、その姿勢を認めます。「そうそう、今○○する時間だから、どうしたらよいかわかるね」と諭しましょう。教師が一方的に叱責するのではなく、**子どもが気付くように問います。**

子どもによっては、よくないことをしたという認識はあっても、行動の変え方がわからない場合があります。その時は「今、どうしたらよいか、一緒に考えよう」と呼びかけます。「けじめがない！」と一喝するより時間はかかりますが、行動の改善につながります。

GOOD!

何かあったかな？…今、どうしたらよいか、一緒に考えよう。

3 またか…いつになったらできるようになるの？

子どもが同じ過ちを繰り返した時の口グセです。何度も粘り強く指導しても改善が見られないと、ため息をつきたくなるかもしれません。苛立ちを感じることもあるでしょう。しかし、「いつになったらできるようになるの？」と口にしても、子どもはできるようになりません。

この口グセは、問いのふりをした叱責です。子どもはできるようになるタイミングがわからないので、答えることができません。もし子どもが「次はできます」と答えても、教員としては「そう言って同じ失敗を繰り返しているでしょ！」と言い返してしまう場合があります。子どもが望ましい行動を増やして、望ましくない行動を減らしてほしいという願いはわかります。しかし、本気でそれを願うなら、できるようになる時期を問うのではなく、できるようになる手段を子どもと一緒に考えましょう。

行動を変えることが難しく、同じ失敗を続けるのは子どもだけではありません。そこで、まずは教師ではなく一人の人間として、弱い部分を正直に伝えます。続けて、「○○さんにとって…（当該の言動等）はどう？」と問います。「実は簡単にはできないことだよね？」という意味を込めたメッセージです。**上からの問いではなく、共感的に子どもの横に立つ姿勢を意識しましょう。**そうすると、子どもは素直に話を聞いてくれることが増えます。最後に「どうしたらできるようになるか、一緒に考えよう」と話します。

心を開いていない子どもだと「僕はそんなこと（簡単にできないこと）はありません」と答えることがあります。その時は「そう言っても失敗を繰り返しているだろう！」と叱責するのではなく、「わかった。○○さんはできるね」と返しましょう。**子どものプライドを尊重する**ことも大切です。それでも失敗を繰り返した時は、再度問いかけましょう。

GOOD!

簡単にはできないこと、私はあるな。○○さんにとって、…はどう？

4 靴ひもがほどけているよ

靴ひもに限らず、子どものシャツの裾が出ていたり、ボタンが外れていたりする時など、教師として何気なく指摘をすることがあります。例えば、靴ひもがほどけていると転倒の危険があるので、放っておくわけにはいけません。指摘すべきことです。

ただし、指摘を受けた子どもが内心で「わかっている！　直そうと思っていたのに」と、他責思考にならないようにします。特に、登校時や廊下で多くの子どもがいる前で、大きな声で指摘すれば、恥ずかしい気持ちになる子どもはいます。指摘の内容が正しくても、伝えるタイミングと表現に配慮が必要です。

また、靴ひもがほどけていることを指摘しても、直す動きを見せない子どもがいます。後で結ぼうと考える場合や、「靴ひもを結ぼう」と行動を指示しないとわからない場合です。その姿を見て「なんで結ばないの！」と指導しても、子どもは納得しません。

言い換えには、二つのパターンがあります。一つは、他の子どもの前で指摘するパターンです。明るい声のトーンで「あっ、見つけちゃった！」と指を差します。勘のよい子どもだと「あっ…」だけでも気付きます。言われた子どもが「指導された」ではなく、「気付かせてくれた」と**前向きに受け取るように、声の質を明るくします。**

もう一つのパターンは、具体的に伝えないと気付きづらい子どもに対する言い換えです。靴ひもがほどけている子どもを手招きして、小さな声で「○○さん、靴ひもがほどけています。ひもを踏んで転ぶとけがをするから、ここで結んでから教室へ行ってね」と伝えます。どこまで具体的に指示するかは、その子の実態や教師との関係性で判断します。

そこまで配慮しなければいけないのかと感じるかもしれません。しかし、一人一人に合った方法を取ることで、こちらの意図が子どもに正確に伝わり、行動が変わります。

GOOD!

あっ、見つけちゃった！
靴ひもが……ほどけているよ。

生徒指導

学級経営

授業

5 自分に甘い

学校では、子どもの弱さが見える瞬間がたくさんあります。例えば、他の子どもには厳しく当たるのに、自分で同じ間違いをする子どもがいます。そういう子に「他者に厳しいのに、自分に甘い！」と指摘すれば、傷付いてしまいます。攻撃力は高いけれど、防御力が低いと言えます。

ただし、自分に甘いのは大人も同じです。特に私たち教員は、子どもに指導する時には「そういう先生だって、できていないよ」と思われない振る舞いが求められます。子どもは口にしなくても、教員の動きをよく見ています。

子どもが自分に甘い行動をしている時に、それを指摘してもよい方向に変化する可能性は低いでしょう。子ども自身がわかっているからです。図星を突かれると傷付き、反感が生まれます。人としての弱さを糾弾するのではなく、共感的に受け止めましょう。

子どもの甘さを指摘する代わりに「①自身を省みるための問いかけ→②前向きな変化への支援」という二段構えの対応をします。第一段階では「～をした時は、どんな気持ちだったの？」と気持ちを尋ねます。後悔する言葉が出たら「私も同じように失敗してしまうことがあるな」と共感を示します。

難しいのは、自分を正当化している時です。その場合は「例えば、心の中に天使と悪魔がいて、悪魔が〝お前は悪くないぞ！〟ってささやいているとするよね。それじゃあ、天使の方は何て言いそうかな」など、客観視につなげる問いかけをします。

子どもに後悔や反省の気持ちが見えたら、第二段階として「願えば、変わることはできるよ」と励まします。第三段階まで進めなくても、**繰り返すことで子どもは内面を見つめる視点を少しずつもつことができるようになります。**

GOOD!

例えば、心の中に天使がいたら、何て言いそうかな。

生徒指導

学級経営

授業

6 何回言わせればわかるの？

ある子どもに同じ内容で指導することが続くと、つい口にしてしまう言葉です。あるいは、学級全体に対して、同じ問題行動を別の子どもが繰り返す場合にも言いがちです。「何回言わせればわかるの？」は、問いグセの一種です。問いグセとは、指示や指導なのに疑問形にして子どもにぶつけることです。子どもは「あと三回言ってもらえればわかります」などとは、答えることができません。子どもが答えずに黙っていると、教員としては感情的になって追い打ちの指導をしかねません。

問いの形をした指導は、子どもを受け身にしてしまいます。生徒指導は教科の学習と一緒で、教師の話を聞いているだけでは、子どもの力は伸びません。対話を通して理解と納得をすることで、子どもが自分自身の課題を把握し、よりよい自分を目指して自己をコントロールするようになります。教師として、伝えるために、伝わるように工夫します。

GOOD!

直そうとしているね。うん、これって大事なことだと思うんだ。

同じ失敗を繰り返してしまう子どもに対しては、二つのことに注目します。子どもの自覚と改善への意欲です。

まずは「前に、同じようなことはあった？」と問います。子どもの意識を過去に向けて、振り返る機会をつくります。似た表現ですが、「同じようなことがあったよね？」は避けましょう。子どもは「はい」と答えるか沈黙することになります。

次に、改善への意欲を確認します。「直そうと思うんですけど…」という言葉や、言葉にならなくても後悔する表情が見えたら「直そうとしているね。うん、これって大事なことだと思うんだ」と伝えます。**改善への意欲を評価し、応援する気持ちを示します。**

なお、一人ではなく複数の子どもが同じ失敗を繰り返す場合は、学校のつくった仕組みに無理がある可能性が高いでしょう。子どものせいにせず、仕組みを検証して改善します。

7 ダメなものはダメ

安全を損なう行動や安心をなくす発言については、厳しく指導する必要があります。その時に「ダメなものはダメ」とはっきり言うことがあります。ただし、この言葉を口グセにすると、次の二つの問題が起きやすくなります。

一つは、子どもが真似をして、理由にならない理由を述べることがあります。「したいからした」や「嫌いなものは嫌い」などです。これらの発言を諭すのが難しくなります。子どもの事情を聞かずにズバッと指導したつもりが、後になってしっぺ返しを受けます。

もう一つは、教員側が思考停止をすることです。「学校のルールだから守りなさい」など、冷静に考えれば理由にならないことを盾にして、子どもに有無を言わせなくなります。「ダメなものはダメ」というのは、決めつけグセの一つです。教師が答えを決めつけて言葉にすると、その場ではうまくいったように見えても、悪い影響が出てきます。

言い換えとして、まずはダメなことはしっかりと指摘します。その上で、理由を考えます。行動を止めてから、理由に目を向けるように促します。

理由を考える時も「なぜかわかる?」ではなく、教師としてそう考える理由を考えてもらうようにします。安全や安心を脅かす言動の場合、子どもは理由をわかっていることがほとんどです。わかっているけれど、思わず行動してしまうのが子どもです。

そこで、子どもが理由を述べたら、それを評価し、改善の方向へ導きます。例えば、「その通り、わかってくれてありがとう。わかっていても、失敗してしまうことはあるよね。でも、今のやり取りをして、○○さんは変わろうとしている気持ちを感じたよ」と伝えます。毅然とした対応で行動を止めると同時に、行動を繰り返さないために対話を行います。**子どもを突き放すようなことはせず、子どもの立場に近付く**意識をもちましょう。

GOOD!

いけません、そんなこと言ったら。私がそう思う理由、わかってくれるかな?

生徒指導

学級経営

授業

8

間違ってる？

生徒指導で、教師が子どもに一方的に話している時に、確認として言いがちなのが「私の言っていること、間違っている？」などの言葉です。この口グセの問題は二つあります。

一つは、問いの形をとっていますが、実際は「間違っていません」と答えることを強要される雰囲気があります。「はい、間違っています」と答えれば火に油を注ぐことになるので、対話になり得ない問いです。

もう一つは、正論は耳に痛いという点です。子どもは自分に非があることを十分わかっている状況だと、教師からの言葉がぐさりと刺さります。そうすると、子どもの心には、「そこまで言わなくても…」という気持ちが芽生えるかもしれません。

生徒指導では、理屈としては正しくても、方法として不適切だと効果がひどく薄れます。「この子に言葉を届けるために、どうすればよいだろう」と工夫する意識が大切です。

GOOD!

私はこうすべきだと思う。

教師が子どもに「間違っている?」と問うのを止めて、「私は〜すべきだと思う」と行動の指針を示しましょう。例えば、他の子どもの失敗をねちねちと指摘し、悪口になっている状況なら「人はみんな完璧ではないのだから、私は悪い面をいつまでも気にするよりも、よい面を見つけるべきだと思う」とはっきり伝えます。

ただし、子どもが意見を表明する機会を奪ってはいけません。そこで、「こうすべきという意見は、人によって考えが変わるから、ある人の『すべき』が別の人の『すべき』とぶつかることがある。○○さんは、どうすべきだと考えるかな?」と問います。教師の意見を絶対視しないと、権威がなくなると思うかもしれませんが、それは逆です。どんな意見も絶対的なものはないと納得すると、**子どもが自分の意見へのこだわりを緩めて客観視する**きっかけができます。一方的な指導ではなく、双方向のやり取りを目指しましょう。

生徒指導
学級経営
授業

9 自分がされて嫌なことはするな

他者を言葉や行動で傷付ける子どもに対しては、毅然とした指導が必要です。過ちを繰り返すことを防ぐために、自身の行動を客観視するように促すのは、効果的な手法です。ただし、「自分がされて嫌なことはするな」と伝えるのは、危うい指導です。ピンとこない子どもがいるからです。本当に嫌だと感じない場合と、想像力に乏しくて実際に体験しないとわからない場合がありますが、いずれにしても「別に自分は嫌ではない」と判断するおそれがあります。そうすると、人を傷付ける行為を正当化して改善とは真逆の結果になります。

同じ行動であっても、受け止め方は関係性によって変わります。一度なら気にならなくても、しつこくされれば嫌になることもあります。人や状況で判断が分かれることに留意して指導する必要があります。

GOOD!

あなたは平気でも相手にとって嫌なことはある。

問題行動をする子どもに対して、自己を客観視するには、どうしたらよいのでしょうか。私は、その子が「感情をもっているのは自分だけではない」という当たり前のことに気付くことが第一歩だと考えます。自分のことしか見えていなくて、相手の気持ちに対する理解が弱い状況を変えます。そのために、「○○さんは平気でも、相手にとって嫌なことはある」とはっきり伝えます。**子どもの視点を自分から他者へと転換します。**

さらに、「直接嫌なことをされたわけではなくても、近くで目にしたり耳にしたりするだけで、もやっとすることがある」と伝えて、**視野を二者間の関係から集団全体に広げます。**子どもは教室の中で、すべての子どもの存在を意識しているわけではありません。「自分と仲の良い友達と、その他大勢」と認識していることがあります。視野を広げることで、自身の行動の問題点に目を向けるきっかけをつくりましょう。

10 相手の気持ちを考えたことあるか？

暴言やいじめ、ケンカなどで加害側の子どもを指導する際に、つい口にしてしまう言葉です。本当に伝えたいのは「相手の気持ちを考えてほしい」という願いのはずです。しかし、相手の気持ちをまるで考えていないと決めつけて、反語的に問いを発しています。

これは子どもにとって逃げ場のない問いです。「あります」と答えれば、教師から「ならどうしてこんなひどいことを！」と言われます。「ありません」と答えれば、「そんな自分勝手ではいけない」と言われます。答えに窮して黙っていれば、「何で黙っているんだ！」と追い打ちをかける羽目になります。いずれにせよ次に来るのは叱責です。

叱責だけでは、その子どもの中に相手を尊重する意識は芽生えません。逆に、教師に対して「相手の気持ちを考えろと先生は言うけど、僕の気持ちをわかってくれない」と不信感が生じるかもしれません。結局、他者に危害や暴言が続くことになります。

叱責を目的にしてYES／NOの二択で答える形で問うと、子どもを追い詰める結果になります。大切なのは、子どもが自身を省みることです。子どもが「自分には足りない所がある。その足りない所を少しずつ変えていきたい」と前向きになる対話を目指します。

そこで、相手ではなく自分の気持ちに目を向けるように促します。他者の心情は想像するしかありませんが、自分の気持ちはわかるからです。モヤモヤした気持ちを言語化できない場合は、教師が選択肢を提示して、子どもが一番近い心情を選ぶ方法を採ります。

子ども自身の気持ちを整理した上で、発言や行動を振り返ります。「○○さんは、～という反応をした時、どういう気持ちだったのだろうか？」と問います。**自身の感情→自身の行動→相手の反応→相手の気持ちという手順を踏む**ことで子どもの視野を広げ、客観視ができるようにします。

GOOD!

あなたはどういう気持ちだったの？

生徒指導
学級経営
授業

11 誰が悪いの？

問題行動を起こした子どもに向かって「誰が悪いの？」と問う時、教師が期待する答えは「私です」だと思います。その答えを待って、教師は「そうだろう」と返すことが想像できます。一見すると、子どもが自分の過ちに気付いて反省をしている場面です。しかし、多くの場合、子どもは納得しがたい感情を抱いています。教師が「この子が悪い」と決めつけて、答えが限定される問いを行っているからです。「決めつけグセ」と「問いグセ」が組み合わされた口グセと言えます。子どもの立場から考えれば、答えを誘導され、反省を強要されていると感じます。

納得のいかない指導をすれば、たとえ正論であっても、子どもは聞く耳をもたなくなります。神妙な表情はしていても、「私が悪い」と口にしても、内心は「私は悪くないのに…」と思っているので、言葉は心に届きません。

GOOD!

何が問題だったのだろう？

「誰が悪いの？」の言い換えとして「何が問題だったのだろうか？」を勧めます。ポイントは三つあります。

一つ目は、人ではなく行為への着目を促すことです。「誰」ではなく「何」を使います。

二つ目は、問題であると言葉にして示すことです。本人を含めた子どもたちが安心して学校で過ごす上での問題を認識し、解決可能な課題として具体化できるようにしましょう。

三つ目は、過去形の表現にすることです。過去の問題を振り返る形にして、子どもが冷静に考えやすくします。問題行動が発生すると、教師も生徒も感情的になります。**この子にとって適切な問いを通して興奮を抑え、落ち着いて行為を分析する**ように促しましょう。

なかには、過去を覚えていなくて、思い出すと時系列や内容が不正確になる子どもがいます。その場合、教師が質問を重ねて状況を整理して、子どもが振り返りやすくします。

12 どれだけ迷惑かけているかわかっている？

子どもの自己中心的な行為に関して、思わず口にしてしまう言葉です。周囲の人間を振り回しておきながら本人がけろっとしていると、苛立ちが募ります。そのような状況で他者を軽んじるような発言やわがままな行動が続くと、がまんの限界を迎えることでしょう。

いい加減にしてほしいという気持ちはわかります。しかし、「迷惑をかけているよ」と伝えるのではなく、問いにしてしまうと、子どもによっては次のような問題が起きます。

行動を自分でコントロールできない子どもの場合は、反発します。「迷惑をかけているとわかっているけれど、直せない。どうしたらいいんだよ」と開き直り、不満をもつかもしれません。

また、繊細な子どもの場合は、ひどく落ち込むおそれがあります。他者に迷惑をかけた上に、迷惑をかけたこと自体に気付いていなかった申し訳なさが加わるからです。

他者に迷惑をかける行動をした場合は**「行為の確認→感情の表明→影響の考察」**の手順で子どもと接します。まずは「今、～って言ったよね（したよね）」と事実を確認します。その上で「私は悲しい」と教師としての素直な気持ちを伝えます。怒りが強い場合もあると思いますが、その時は怒りの奥にある感情を見つめましょう。そうすると、子どもが望ましくない行動をすることへの悲しさがあると気付きます。そして、その子のよさが問題行動によって見えなくなることがよくないと伝えます。

その上で、子どもの行為や発言が他の子どもの気持ちや集団としての動きに与える影響について考えます。「どんな影響があったか、一緒に考えよう」と伝えましょう。厳しく指導しても、子どもが心を閉ざしていれば、何も響きません。加害側になりがちな子どもこそ、「あなたのよさを引き出したい」という教師の思いを求めています。

GOOD!

私は悲しいな。○○さんのよさが周りにいる人たちには伝わらないから。

13 約束したよね？ なんで約束を守らないの？

生徒指導上の課題を解決するために、「先生との約束だよ」などと言い、教師が子どもと約束をする指導を目にすることがあります。そして、その約束を子どもが守らないと、「約束したよね？」と問い詰めることになります。

この「約束グセ」は、子どもとの関係を歪めます。約束とは、友人など対等な関係で結ぶものです。教師と子どものように立場の差がある関係での約束は、子どもにとっては重荷になります。優位に立つ教師の側が約束するならともかく、子どもに約束を強要するのは避けましょう。

また、子どもに限らず、約束を守るのは簡単なことではありません。状況が変われば約束を守るのが難しくなります。また、約束をずっと守り続けるのは大変です。約束を破ることを責めるのではなく、約束を守るコツを子どもと教師が一緒に考えましょう。

GOOD!

約束を自分のものにするには、どうしたらよいかな?

教師と子どもが約束をするのではなく、子どもに対して**未来の自分との約束をすることを提案しましょう。**「自分との約束」や「マイルール」という言葉がお勧めです。

約束を守らない原因には、①約束を重視していない、②約束を忘れている、③わかっていても衝動的な行動で約束を反故にする、という三つのパターンがあります。

①や②のように、約束を軽視している場合は、当事者意識を高める方法が効果的です。「約束を自分のものにするためには、どうしたらよいかな?」と尋ね、楽な方向に流れずにマイルールを決めることで、子どもが納得できるようにします。

③のように、約束したとわかっていても守ることができない場合は、守りたくなるような仕掛けが効果的です。「約束を守った自分を想像しよう」と働きかけましょう。子どもが成長した姿を想像して、わくわくした気持ちになると、約束を守る動機が強まります。

生徒指導

学級経営

授業

14 前にも同じ失敗をしていたよね

これは「蒸し返しグセ」の一種です。過去の指導や子どもの失敗と今の状況を関連付けて、口にしてしまいます。教師からすれば、前も同じことで指導をしていると、「またか…」と感じてしまうのもわかります。生徒指導の成果が出ていない不安が苛立ちへと変わり、その感情を子どもにぶつけている面もあるのではないでしょうか。

子どもに限らず、人には得手不得手があるので、失敗を繰り返すのは珍しいことではありません。子どもからすれば、以前の失敗はすでに指導を受けているので「しつこいなあ」と反発するおそれがあります。そうすると、子どもは聞く耳をもたなくなります。

また、学校では個人の責任ではなく、仕組みの問題で子どもが同じ失敗を繰り返す場合があります。仕組みが硬直化して、子どもに応じて環境を調整しづらいことがあります。失敗を未然に予防する働きかけが弱いこともあります。失敗しづらい仕組みが大切です。

GOOD!

同じような場面で困った経験はないかな？

教師による蒸し返しグセを押さえつつ、子どもが同じ失敗を繰り返さないように、一緒に解決策を考えます。そのために、最初に「同じような場面で困った経験はないかな？」と問い、子どもの意識を過去に向けます。続けて「どんなことに困ったかな？」と困り感を共有します。そして、「何ができるようになると、困ったことが減りそう？」と解決の方向性を考えます。教師が**子どもの過去を責めるのではなく、子どもの今の悩みを理解し、未来に向けて前向きに解決策を考えましょう。**

子どもによっては、過去のことを思い出せなかったり、思い出しても困っていないと感じていたりします。その場合には、過去のことはいったん脇に置いて、未来に目を向けます。「今回の記憶が薄れた頃に、同じ失敗を繰り返してしまうかもしれない。そうならないように、今から準備できることはある？」と問い、予防策を一緒に考えましょう。

15 今までは許されてきたかもしれないけど

この口グセには、「私は厳格な教師である」と子どもに対してアピールしたい意図が見え隠れします。類似する表現だと、中学校では「小学校では許されたかもしれないけれど」という言い回しをよく耳にします。

この言い回しの問題は、子どもの過去を決めつける点にあります。「今までは許されてきた」という表現の前提には、今まで同じような問題行動を続けてきたという認識があります。子どもからすれば、勝手に決めつけられて嫌な気持ちになります。

さらに、この子とこれまで接してきた教師の指導を否定することになります。「これまでの先生方は許してきたけど、私は許さない」という意味が隠れているからです。子どもがかつてかかわった先生を信頼している場合、その先生を批判されれば反感をもちます。逆に不信を抱いている場合は、教師を堂々と批判してもよいと解釈するおそれがあります。

GOOD!

前も「しまった！」って思ったかもしれないけれど、今はどう感じているかな？

言い換えとしては、過去の教師の指導ではなく、過去の子どもの気持ちを引き出します。まず、今の子どもの気持ちを尋ねます。そして、後悔の念が見えたら「『しまった！』って感じたんだね。前も「しまった！」って思ったかもしれないけれど、今はどう感じているかな？」と、**過去の気持ちと今の気持ちを関連付けます。**教師が許すかどうかではなく、子ども自身の過去の行為に対する認識と今の心境を問います。

時系列で物事を捉えるのが苦手で、過去の行為をすぐに忘れる子どもだと、教師の問いかけに対して「何も思いません」や「僕は悪くない」と返すかもしれません。その時は、「私はいけないと思う。なぜなら～だから」と、教師の立場から意見をはっきりと述べましょう。過去に許されてきたかどうかではなく、そもそも問題がある理由を伝えます。目の前の子どもの未来のことを真剣に考えて、心に届くように言葉を紡ぎましょう。

16 昔なら許されない

前のページで紹介した口グセの逆パターンです。「今の生徒指導は甘いが、自分は厳しいので許さない」という思いがにじみ出た言葉です。自分の怒りを伝えるために、過去を利用しています。

子どもからすれば、昔のことはわからないので「昔のことを言われても、どう返事をしたらよいのかわからない」と困惑します。もしくは「昔に生まれてなくてよかった」と思う子どもだっているでしょう。今を生きる子どもに対して、昔の基準をもちだして指導しても効果はありません。

また、過去を美化すると「この先生は古い価値観を更新していない」と認識されます。子どもだけではなく、同僚や保護者からそう捉えられると、信頼関係を築く上でマイナスに働きます。昔の武勇伝とセットになれば、なおさらです。

GOOD!

私は認めることができないな。だって…

過去の話を引き合いに出すのではなく、今、目の前にいる子どもに響く言葉を練って伝えましょう。まずは、認めることはできないと、教師としての考えをはっきり伝えます。そして、理由を端的に伝えます。「だって、人を傷付けているから」や「だって、〇〇さんのよさが伝わらないから」などです。昔なら許されないと伝えるのではなく、**今も昔も関係なく認められない**ことを伝えます。

また、「許されない」ではなく「認めることができない」と言います。許す・許さないというのは、個人の心情に依拠するイメージが強くなります。子どもが「謝っているのに先生が許してくれない」と感じると、こちらの思いが伝わらずに気持ちがすれ違います。行為の是非を論理的に説いた後に、「どういう時によくない行動をしてしまうかな？」と振り返ったり、「どうすればよかったかな？」と改善の仕方を考えたりしましょう。

17 あなたが心配だから

教師が気になる子どもに対して「あなたが心配だから」と伝えるのは、その子どもと教師の関係性で受け止め方が大きく変わります。子どもが教師に親しみを抱いていると、「自分のことを大事にしてくれているんだ」と受け止めます。

一方で、信頼関係の構築が不十分な状況だと「この先生になんて心配されたくない」と感じる場合があります。また、「あなた」という表現も丁寧に見えますが、関係性によっては冷たく聞こえます。

また、子どもを厳しく叱責した後に「あなたが心配だから」と言うのは、信頼関係がある状態でもうまく伝わりません。叱責を正当化するように聞こえるからです。特に、しつけと称して虐待を受けた子どもの場合は、フラッシュバックする危険性があります。同じ言葉でも状況と関係性によって意味が変わることを、教師として留意する必要があります。

子どもとの信頼関係を実感していて、文脈としても誤解の恐れがない時に「○○さんのことが心配だから」と伝えるのは問題ありません。親身になって寄り添う気持ちを伝えるために、必要な言葉です。

ただ、**子どもの受け止め方が読めない場合は、言い換えを勧めます。**具体的には、「将来の姿を想像してみない？」と子どもに提案しましょう。「あなたが心配だから」という言葉には、子どもの現状に心配があり、将来を案じる思いが表れているはずです。そこで、将来の姿を話題にします。

多くの子どもは、将来について漠然としたイメージしか抱いていません。「○○さんのよさの～を伸ばすと、どのような姿に成長できるかな？」や「□□の仕事で活躍するには、今は何をがんばって準備すればよいかな？」と、将来を具体化する手助けをしましょう。

GOOD!

将来の姿を想像してみない？

18 このままならダメになる

「わかった風グセ」の一つです。子どもの将来について、本人よりわかったつもりになって口にしてしまいます。

教職経験が増えるほど、行動や状況が似ている子どもを思い浮かべて、このままではダメになりそうな気がすると感じるものです。そして、予想通りに子どもが悪い状況に陥ると、「やっぱり…」と内心で思うかもしれません。

しかし、悪い予想だけを想像すると、子どもの悪い面ばかりに注目する問題があります。頭の中のイメージに、私たちの視点は影響を受けます。最悪を想定することは大切ですが、最悪だけを考えるのは不十分です。ありとあらゆる未来を想像しましょう。その想像には、経験が役立ちます。そして、最悪の未来を回避する方法や、子どもの幸せにつながる選択肢を見出して、それらを子どもと共有しましょう。

GOOD!

◯◯さんらしさをもっと生かしてみない？

「この子らしさ」を堂々と語ることができるくらい、目の前の子どもを理解しましょう。

ダメになる可能性を指摘する代わりに、よさを伸ばすように問いかけましょう。そして、子どもから「私らしさって何ですか？」と反応があったら、その子のよさを具体的に伝えます。本人が気付いていないよさをたくさん見つけておいて、よい面と、そのよさをどの場面で見つけたか、丁寧に伝えます。

私は担任をしていた時に、子どものよさを発見したら、その日の内に短い文でエクセルに記録していました。数か月もすると、一人当たり五〇前後はよいところが見つかります。個別の面談や指導の際などチャンスを見極めて、そのよさを書いた一覧を見せながら伝えていました。喜ぶ子どもだけではなく、涙を流す子もいました。「私は◯◯さんのよさがわかっているよ」と口だけではなく、具体的に示すことが信頼関係づくりの第一歩です。

生徒指導

学級経営

授業

19 そんなレベルでよいの？

子どもの現状を憂慮して、もっと成長してほしいという願いから、思わず出る口グセです。しかし、レベルという言葉は人を評価するものさしとして、わかりやすい反面、正確さを欠きます。多様な資質・能力や置かれた環境を単純化して、数値で図ろうとするからです。使う際は「声の大きさのレベル」や「給食当番の盛り付けの正確さのレベル」など、対象を限定しましょう。

また、「そんなレベル」と言ってしまうと、上から目線で皮肉が込められている印象が強くなります。言われた子どもの自尊心は損なわれます。「こんな」「そんな」「あんな」の指示語は冷たく聞こえる場合があるので、慎重に使用した方が無難です。

教師から見て成長が見られなくても、子ども自身は満足していることがあります。目立つのを嫌がって我慢して過ごすこともあります。子どもの気持ちを推し量りましょう。

レベルの低さを指摘するのではなく、レベルを上げることを打診します。実際の場面では、いきなりレベルアップと言ってもピンときません。

そこで、まずは現状把握です。例えば、「班長として話し合いを進めるレベルがあるとしたら、今はどのくらいかな?」と、対象を絞ります。続けて、「少しずつ、レベルアップしてみよう」と呼びかけます。

子どもは「いえ、今のままで別に構わないです」と答えるかもしれません。その時は無理強いをせず、「○○さんは、～について、望めばもっとレベルアップできるし、他の面でもよさがたくさんあるから、気持ちが変わった時は考えてみてほしいな」と伝えます。

教師とのやり取りで、子どもが成長の方向性を具体的にイメージできれば十分です。成長に向かって努力するタイミングは子どもの判断に任せます。

GOOD!

○○のレベルがあるとしたら、今はどのくらい? 少しずつ、レベルアップしてみよう。

生徒指導

学級経営

授業

20 絶対に後で損するよ。わかる？

現時点でも指導の必要性を感じつつ、近い将来に子どもにとって不利益が生じると感じた時に、口にする表現です。決めつけグセと問いグセが組み合わされています。まず、「絶対」という表現は命を守る時など、限られた場面以外では避けましょう。むやみに使えば、言葉の重みがなくなります。

また、教師に「後で損するよ。わかる？」と言われて、子どもが「わかりません」と首を横に振るのは勇気がいることです。今回の例に限らず、教師が一方的に話していると不安に感じて、つい「わかる？」と言いがちです。しかし、子どもの素直な反応は出づらいので避けましょう。

子どもが社会の厳しさを理解し、危機感を高めてほしいという心情はわかります。しかし、脅しのような表現を使っても、子どもの成長にはつながらないので共感はできません。

GOOD!

先のことはわからないよね。だから、可能性をシミュレーションしよう。

子どもの将来を案じる気持ちを「可能性をシミュレーションしよう」という言葉で伝えます。前提として、先のことは子どもにも教師にもわかりません。「将来損する」と教師が断定的に伝えるのではなく、様々な可能性を子どもと一緒に考えます。

シミュレーションの方法としては、大きく二つあります。一つは「今の行動を続けるか・続けないか」という**分岐点をつくる**方法です。現状をスタート地点にして考えます。現状をできるだけ早く改善したい時に適しています。

もう一つは「何でも後回しにするのが減るように」や「助けてもらってばかりではなく、困っている人を助けてあげる人になるために」など、**望む姿をゴールとして設定し、ゴールに至るステップを考える**方法です。長い目で子どもの変化を見守る時に効果的です。どちらの方法でも、子どもが将来の可能性を具体的に想像できるように支援しましょう。

21 入試でもそうやってできるの？

中学校でしばしば見られる口グセです。小学校だと、6年生に「中学校に入った時にそうやってできるの？」と言ってしまうことがあるかもしれません。これらの言葉には、思い通りにならない子どもを何とかして変えたいという、教師の苛立ちが見え隠れします。

しかし、入試を引き合いにすると、入試に対する子どもの不安を煽ることになります。入試は前向きな気持ちで挑戦するために、学校として後押しすべきことです。生徒指導に利用するのは、勧められません。

また、仮に入試で通用しない態度や服装だったとしても、言われた子どもからすれば「いや、今は入試じゃないし」と思っても不思議ではありません。今から態度などを改めるように指導しても「じゃあ、入試の時は直します」と反論されたら、行き詰まります。先を見据えた指導とは、先を知っている大人が脅すことではありません。

教師が「入試で困る」と主張するのではなく、子どもが「入試で自分のよさを見せるために、何をすべきか」と考えるきっかけをつくります。最初に、合格をたぐり寄せるためのアピールポイントを尋ねます。子どもが答えたら、「それでは、そのアピールのために、今からできそうなことはある？」と問います。

入試で結果を出すことは学校教育の目標ではありませんが、子どもや保護者にとっては大事な目標の一つです。しかし、入試のことばかりを考えるのはよくありません。そこで、入試をゴールの一つにした上で、ゴールに向けて子どもが「見せたい自分」になるために、自分自身をプロデュースする意識を高めます。

教師の言葉で入試を**意識させるのではなく**、子どもが入試を**意識できる**ようにします。そのために、規律の遵守を強調するのではなく、よさを伸ばすことを重視しましょう。

GOOD!

入試で合格の可能性を1％でも上げるには、どうアピールすべきだろうか？

22

暗い顔してどうしたの？

登校時や休み時間などに、子どもが普段と違う表情をしていることがあります。その様子に気付いて「暗い顔をしてどうしたの？」と話しかけるのは、悪くない気がします。しかし、表現がストレートなので、突然言われた子どもは反射的に「なんでもありません」と答えてしまうかもしれません。そうすると、対話の機会が失われます。悩みがあっても、伝えるためには心の準備が必要です。

また、子どもが悩んでいることを十分に自覚していない場合は、「そんなつもりはないのに、暗い顔をしていると決めつけられた」と感じます。悩みは、聞いてほしい時と隠したい時があります。相手を気遣いながら丁寧にコミュニケーションを図ることで、「この人になら、悩みを打ち明けられる」という気持ちが大きくなります。子どもの様子が気になった時こそ、丁寧な対応を心がけましょう。

GOOD!

○○さん……何かあった？ いつもより元気がないように見えるよ。

言い換えるポイントは、**間を置く**ことです。子どもに悩みがある場合、打ち明けるための心の準備をする時間をつくります。まずは名前を呼びます。そして、2～3秒溜めてから「何かあった？」と問います。そして、話しかけた理由として、元気がないように見えると説明します。わずか数秒でも間を置くことで、子どもは気持ちを落ち着かせる余裕ができます。子どもの様子を見ながら、話す時に溜めを作ったり間を置いたりしましょう。

また、周りに他の子どもがいる時には、その子にしか聞こえない小さめの声で「何かあった？」と声をかけます。深刻に見える場合は、手招きして他の子どもから離れた場所で聞く方法もあります。ただし、他の子どもから「○○さんが先生に呼び出された」と思われないように、声をかけるタイミングと話す場所は配慮します。個室ではなく、廊下の少し離れた場所にしましょう。深刻な問題だとわかった時には、個室へ移動します。

23 悩みはない？ 大丈夫？

子どもの様子に違和感を抱いたら、声をかけて確認することはとても大切です。ただし、「悩みはない？」と直球で聞くと、たとえ悩みがあっても「ありません」と答える可能性があります。悩みを伝えるためには、信頼関係に加えて子どもの心の準備が必要です。その準備の猶予がなくなります。

もう一つ気を付けたいのは「大丈夫？」です。そう問われると、子どもは「大丈夫です」と返答することがほとんどです。しかし、実際は大丈夫ではないことがあります。これも問いグセの一つの形です。「大丈夫か？」という問いは、具体性に欠けます。したがって、子どもが悩みを抱えていても、大丈夫かどうかの判断ができずに、とりあえず大丈夫と答えてしまいます。教師がその言葉を聞いて安心すると、せっかくの問いかけが意味をなしません。「大丈夫？」と聞いて満足するだけでは、まったく大丈夫ではありません。

GOOD!

ちょっと無駄話をしない？

言い換えとして、子どもが悩みを伝えやすくするために、すぐには本題に入りません。「無駄話をしない？」「○○さん、そういえば、話したかったことがあって…ちょっと時間をちょうだい」と声をかけます。必要に応じて場所も変えます。コミュニケーションをとりながら、子どもの様子を観察します。浮かない表情だと確認したら、「○○さん、何か悩みがあるように見えるけど、よかったら教えてくれる？」と続けましょう。**焦って本題に入るのではなく、雑談から入って子どもが心を開きやすくします。**

なお、工夫して声をかけても悩みを確認できない場合があります。空振りでも構いません。その時は「私の気のせいだったね。もし何かもやもやしていることがあったら話しかけてね」と伝えます。本当に悩みがないのか、悩みを打ち明けたくないのかわかりません。しかし、悩みを聞く窓口が開いていることを伝えると、その子との関係性が好転します。

24

生徒指導

言いたいことはわかるけど

教師と子どものやり取りの中で、つい口にしてしまうのが否定的な表現です。例えば、子どもの言い分を聞いて、理屈が通らないと感じた時に「言いたいことはわかるけど」と前置きをして諭すことがあります。子どもからすると、前半の「言いたいことはわかる」ではなく、「けど」の逆接の部分が印象に残ります。そうすると、「自分の言いたいことが否定された」と捉えます。

教師の側も、心から「言いたいことはわかる」と共感を示しているのではなく、自分の主張を通すために、前置きとして使っている場合があります。そういう気持ちは感受性の強い子どもには伝わります。「先生は、思ってもいないのに『言いたいことはわかる』って言っている。口だけだ」と子どもに思われると、関係がこじれます。ちょっとした言い回しで信頼を失うことがあります。言葉を扱うプロとして、一言一句にこだわりましょう。

GOOD!

うん、伝わっているよ。

言い換えのポイントとして、子どもの言葉を受け止めます。例えば、子どもの言い分に対して「うん、〇〇さんの気持ちは伝わっているよ」と答えます。少しでも、子どもが安心できるようにします。そして「許せなくてイライラしてしまったんだね」「不安な気持ちがあったんだね」など、子どもの感情を言語化します。この感情を読み間違えないことが重要です。感情が読めない時は「今はどんな気持ち？」と問いましょう。

続けて「不安（イライラ）を少しでも減らすために、どんなことがしたい？」と問います。子どもが「わからない」と答えたら、そこで初めて教師の見解を述べます。**キャッチボールのように、しっかりと子どもの気持ちをつかんでから、投げ返します。**

自分の言いたいことを優先しがちです。それは子どもだって同じです。だからこそ、教師として相手の言いたいことを理解して、相手が聞きたくなるような対話を意識しましょう。

25 言い訳をするな!

これは子どもへ指導している時に、子どもの発言に対して教師が言う「決めつけグセ」です。子どもの事情を聞かずに、教師が断定した物言いをします。

「言い訳をするな!」という言い方の問題は二つです。一つは、子どもの事情を「言い訳」と解釈している点です。たとえまっとうな理屈ではなくても、言い訳と断じてしまうと子どもは反発します。

もう一つの問題は、教師が断定すると子どもが発言するのを躊躇することです。別の機会に、事情があってやむなく行動した場合でも「先生に言うと、また言い訳と言われるかもしれない」と思って、話すことを止めるおそれがあります。

子どもは、自分の考えが言い訳にすぎないのか、それとも正当な理由なのか、意外と判断がつきません。教師の決めつけグセが続くと、子どもは考えを口にしなくなります。

GOOD!

そう考えたんだね。今、どんな気持ち？

言い換えのポイントは、**決めつけずに気付きを促す**ことです。言い訳に聞こえる発言であっても、「○○さんはそう考えたんだね」と返します。続けて、「今はどんな気持ちかな？」と問います。言い訳だと思っている子どもは、申し訳なさが言葉に出ます。他者に責任転嫁している子どもだと、怒りを示します。子どもの言葉に含まれた感情を受け止めて、「○○さんは、申し訳ないと思っているんだね」と感情を言葉にします。

子どもから反省の弁が出た時は、「どうすればよいかな？」と、とるべき行動を問います。逆に、開き直っている時は、他者の視点に着目させます。例えば、子ども同士のトラブルなら「今の説明で、○○さんは納得できそうかな？」と問います。相手の気持ちを想像するのが苦手な子どもには「私は、違う考えをしているよ。それは…」と話します。子どもの認識を丁寧に確認してから、伝えるべきことを穏やかに伝えましょう。

26 深い意味はないけれど

子どもを戸惑わせるタイプの口グセです。「深い意味はないけれど」と言いたくなるのは、どのような場面でしょう。一つは、思わず口にしてしまったけれど、言わない方がよかった場合です。もう一つは、本当は深い意味があるけれど、子どもの反応を見て、深刻さを軽減する場合です。どちらの場合も、子どもが額面通りに受け取ることは多くないでしょう。意味深な感じを察します。

この口グセのように「～けど」と発言を終えてしまうと、対話を続けづらくなります。話し手からすれば、前に述べた言葉を打ち消したり、弱めたりする効果を期待して使います。ただし、聞き手からすれば、言葉の軽さを感じます。プライベートな場面での会話ならともかく、教師と子どもの対話で安直に「～けど」を使うことは避けましょう。教師としての言葉の重みを忘れてはいけないと、自戒を込めて感じます。

GOOD!

実は大事なことだと思っていて…

「深い意味ではないけど」の言い換えとして、ごまかさずに大事なことであると伝えます。ポイントは「実は」という表現です。一見すると深い意味に見えないかもしれないけれど、実は大事なことであると強調します。

例えば、人によって態度を変える子どもに対して「誰が言うかより、何を言うかだよ」と話した時に、その子どもの表情が変わったとします。そこで焦って「深い意味はないけれど」と衝突を避けるのではなく、「実は、何を言うかって大事なことだと思っていて…というのも、言葉を受け止めて、その意味をかみしめるきっかけになるから」など、理由を含めて伝えます。教師として、子どもとの対話での**勝負所を見極めて、退かない方がよい時と判断したら、思い切って考えを伝えましょう。**「実は」から本気度を高めて子どもに伝えることで、聞き手の子どもが真剣に話を受け止める雰囲気ができます。

27 考えればわかるでしょ？

短絡的な行動をした子どもに対して「考えればわかるでしょ？」と言いたくなる時があるかもしれません。皮肉グセの一種です。しかし、「あなたは考えていない」というメッセージを暗に伝えることになるので避けましょう。

こう言われた子どもは、「馬鹿にされている」と怒りを感じるかもしれません。子どもの自尊心が傷付けられます。そうすると、子どもの心の中は怒りや悲しみの感情でいっぱいになり、指導の内容は頭に入ってきません。

子どもによっては「考えてもわからない」と開き直るかもしれません。問題行動をきっかけにして考え方を学ぶチャンスを失って、同じ過ちを繰り返す可能性が高まります。

子どもの側に非があっても、教師が皮肉を込めた表現を使えば、子どもの心に響かず、積み重ねた指導は台無しになります。そして、子どもとの信頼関係が崩れます。

GOOD!

やってみてどうだった？

子どもが深く考えずに行動をしたり、軽はずみな発言をしたりした結果、他の子どもを傷付けてしまったら、指導の必要があります。その時には、行動や言葉を確認してから、その子に対して「やってみて（言ってみて）、どうだった？」と、見解を問います。「よかった」と答える子どもはめったにいません。ハッとして自分の言動を省みる子どもがほとんどです。その表情を捉えたら、「どうしたらよかったのかな？」と問います。**教師の意見を押し付けずに、子どもが自らの内面に目を向けるように問いを重ねましょう。**

難しいのは「別にどうも思わない」と答える子どもです。その時は「次も同じことをする？」と今後の行動を問いましょう。そこで言葉に詰まったら、指導のチャンスです。「○○さんは、行動を変えたい気持ちがあるでしょう？」と指摘します。子どもがうなずくなどの反応を示したら、適切な行動や言葉を一緒に考えます。

28 おかしいから！ 人としてどうなの？

子どもは時に、倫理観を疑いたくなるような行動をします。怒りがこみ上げてくるかもしれません。「思いやりのかけらもないのか…」とむなしい気持ちになることもあります。その姿を見て「おかしいから！」と強く指摘すれば、子どもの行動は変わるのでしょうか。怖がって教師の言うことを聞くかもしれませんが、子どもの内面に変化はなく、根本的な問題は解決しません。

また、あまりにひどい行動に対して「人としてどうなの？」と口にした経験が、先生方にはあるかもしれません。気持ちはわかりますが、子どもの側からすれば答えに窮します。傷付きやすい子なら、人格を否定されたと受け止める場合があります。教師として、生徒指導の譲れない一線をもつことは大切ですが、問題を起こした子どもを責めるだけでは、よい方向への成長につながりません。

GOOD!

私の考えを言ってもよい？

子どもに対して怒りや悲しみなどの感情を抱いた時に、その気持ちをまっすぐに伝えても、子どもに響くとは限りません。子どもの心が指摘を受け入れる状態でなければ、反発して終わります。

そこで、いったん深呼吸をしてから、教師としての考えを伝えます。「私（先生）の考えを言ってもよい？」と確認してから、「さっきの発言は直すべきだよ。なぜなら、相手の人格を傷付けるから」と理由を含めて毅然と話します。**「ここが勝負所！」と判断したら、覚悟をもって誠実に話しましょう。**熱い気持ちを秘めながら、冷静に対応します。

問題は「言ってもよい？」に対して「嫌です」と返された場合です。「それじゃあ、どんなことを考えているか、当ててみて」と尋ねましょう。問いを挟むと対話を続けやすくなります。対話を通して子どもに聞く姿勢が整ったら、内容を絞って端的に伝えます。

29 お前、いい加減にしろよ！

教員だって一人の人間です。子どもの言動に怒りを感じることはあります。ただし、怒りを感じるのと、怒りをぶつけるのは別の問題です。がまんの限界が来て「いい加減にしろよ！」と怒りをぶつけると、子どもは恐怖・冷笑・失望などの感情を抱きます。

恐怖については、怒りを前面に出した指導をされた子どもは、指導内容ではなく「怒られた」という印象を受けます。指導に至った経緯を理解できず、恐怖心だけが残ります。

冷笑の反応は、子どもが教員を信用していない時に起きやすくなります。「この先生、何をムキになっているんだ」と、感情的になる大人を馬鹿にすることがあります。

逆に、子どもが教員を信頼していると、「先生のことを信じていたのに、どうして怒ってそんな言い方をするんだよ」と信頼を失うことがあります。いずれの場合も、よい結果を生みません。

GOOD!

…あっ、そういうパターンで来たか～。

子どもに対して「いい加減にしろよ！」と感じる時には、経緯があるはずです。それまでに指導したいけれど我慢してきたり、これまでは許容してきたけれど限度を超えたりしたと考えられます。つまり、その子に対する指導の後悔や我慢が隠れています。その経緯を理解した上で、子どもに伝わるように言葉をかけましょう。

具体的には、**感情に振り回されないために時間をかけます。**「…あっ、そういうパターンで来たか～」や「お～。なるほどね…」などの言葉を、落ち着いたトーンで話します。その間に状況や自己の感情を客観視して、次につなげる言葉を考えます。そして、「ずいぶん大変なことになっているけど、どうしたの？」と状況を確認します。続けて「どういうつもりで言葉にしたの？」と意図を問います。子どもにとっては、教師から冷静に問いかけられることで、深刻な状況であることに気付くきっかけになります。

30 部活の先生に伝えるよ

子どもが言うことを聞きそうな相手の名前を出して、子どもの行動を抑制したくなる時に、つい口にしてしまうのが「部活の先生（教頭先生・担任の先生…）に伝えるよ」です。権威を利用した口グセです。家庭で「お母さん（お父さん）に伝えるよ」と言ってしまうのも同じ構造です。

これは、指導力の自己否定です。自分自身の言葉では子どもが納得しないから、権威のある人に指導を丸投げすることになります。しかし、子どもからの信頼度は下がります。その場は収まっても、次の場面では子どもはさらに言うことを聞かなくなり、別の教員の力を借りる機会が増えるという悪循環に陥ります。

短期的な効果を期待して、深く考えずに指導をすると、思わぬしっぺ返しを受けます。後になって苦労します。長期的な展望をもって、意図的に言葉にこだわる必要があります。

他の誰かに言いつけるような言葉を出す背景には、「あの人の言うことは聞くのに、自分の言うことは聞いてくれない」というもどかしさがあると考えられます。子どもが人によって態度を変えることにイライラする気持ちはわかります。しかし、その苛立ちを子どもにぶつけても、望むような結果にはなりません。

そこで、**子どもができていたことを確認してから、期待する行動を伝えます。**例えば、ある子どもが合唱コンクールの練習でリーダーに従わずに勝手な動きをしている場合、「○○さん、部活の時は他の部員に声をかけて励まして練習をしていたよね」と他の場面でのよい行動を確認します。そして、「今はどう?」と問いかけ、「ちょっとふざけていました」と答えたら「場面によって行動を切り替えるのは大切だけど、これはよい切り替えではないね。ここでも、リーダーシップを発揮してほしいな」と伝えます。

GOOD!

場面によって切り替えるのは大切だけど、この切り替えは、よい切り替えではないね。

31

生徒指導

あなたのために言っているのにその顔は何？

　思っていても口にはしない方がよい言葉があります。その一つが「あなたのため」です。こちらの思いが伝わらないもどかしさから、つい口にしてしまうのはわかります。しかし、「あなたのため」と伝えると、言外に「だから受け入れなさい」と示すことになります。生徒指導がうまくいかないことを、相手の受け止め方のせいにしてはいけません。

　また、指導に対して不服な気持ちが子どもの表情に出ることは、たしかにあります。だからと言って、それを問い詰めても状況は改善しません。

　生徒指導は、一度に扱うのは一つの事項にするのが基本です。表情に触れてしまうと、もともと指導していた事項に加えて、話の聞き方の指導をすることになります。追加の指導は止めましょう。しかも、追加した内容が指導の失敗に起因するものだと、言えば言うほどに子どもの信頼を失います。

GOOD!

今までの話を聞いて、正直どう感じたかな？

子どもが指導に対して納得していないことが表情でわかる時は、まず焦らずに深呼吸をしましょう。そして、子どもの側にバトンを渡しましょう。一方的に説諭をしていた場合は、なおさらです。例えば、「今までの話を聞いて、〇〇さんは正直どう感じたかな？」と問います。

ポイントは「正直に」という表現を入れて、できるだけ柔らかい口調と表情で尋ねることです。険しい顔で「どう思うの！」と問えば、子どもは内心は不満でも「わかりました。すみません」などと言わざるを得なくなります。不満は残り続け、不信や怒りに変わるかもしれません。子どもが納得していない部分を率直に話したら、指導する理由を丁寧に説明し直します。気持ちを隠し続けている時は「納得していない部分、あるでしょう？」と問う方法もあります。**子どもの様子に合わせて、指導の流れを柔軟に修正しましょう。**

32 その口のきき方は何？ はい、やり直し

中学生が教師に対してついタメ口になるなど、関係性にふさわしくない言葉を悪気なく使うことがあります。時には、教師を挑発するために、意図的にひどく汚い言葉遣いをする場合もあります。

その時に、カッとなって「その口のきき方は何？」と返すと、子どもは「先生は自分のことで一番怒るんだな」と感じるかもしれません。挑発する意図がある場合は、さらに怒らせるような言い方を続ける恐れがあります。

また、場に応じた行動を身に付けさせようとして、子どもにやり直しや言い直しを指示することがあります。子どもが納得している場合は問題がありません。しかし、子どもが「そんな細かいことで『やり直せ』って、面倒だな」と感じては、その場の行動は修正されても、反発心を生んでしまい、後の指導で苦労をします。

GOOD!

今言ったことをもう一度繰り返して。それって、どういう意味で使ったの？

教師からすると腹の立つ物言いを子どもがした時は、事実と意図を確認してから気持ちを伝えましょう。まず「今言ったことを、もう一度繰り返して」と指示します。復唱することで、子どもが「まずい」と気付く機会をつくります。そして、「どういう意味で使ったの？」と問います。悪気がなかったことを釈明する場合もありますが、子どもによっては「別に意味はないです」と正面から答えるのを避けることもあります。いずれにせよ、「今の言い方、私はショックだな。それは、軽く見られているように感じるから」と、**教師としての率直な気持ちと、その気持ちになる理由を伝えます。**

子どもの言動は、簡単には変わらないので、耳にするたびに伝えます。子どもはうるさいと思うかもしれません。「細かいことにうるさい」ではなく、「大事なことに対しては簡単には引き下がらない」と子どもが思うように、理由を丁寧に伝えましょう。

33 嘘をつくな！ 通用すると思ってるの？

決めつけグセの一種ですが、生徒指導をしていると「この子、嘘をついているな…」と感じる瞬間があります。もしくは、裏付けとなる情報を得ていて、子ども本人が正直に話すのを待つだけの状況で嘘をつかれることもあります。そうすると「嘘をつくな！」と指摘したくなります。

しかし、子どもによっては嘘を事実のように語ったり、自分自身で嘘と誇張と事実の区別がつかなくなっていたりすることがあります。そうすると、「先生は自分のことを信じてくれない」と被害者意識をもちかねません。嘘を指摘したことをきっかけにして、こちらに落ち度がないのに、子どもが攻撃的になる場合もあります。また、ある子どもの嘘を別の子どもが証言してくれた時には、証言した子が「裏切ったな！」と責められないように、事前に手を打つ必要があります。嘘を認めさせるのは、簡単ではありません。

嘘がまかり通ることは認められませんが、**逃げ道をつくって追い詰めない**ことも大切です。そこで有効なのが「言い間違いはない？」という表現です。

子どもの主張が事実と異なる証拠を確認しながら「さっきは〜と言っていたけど、言い間違いはないかな？　一度深呼吸をしてから、教えてね」と伝えます。子どもに「嘘だとバレているよ」というメッセージを暗に伝えながら、正直に言うチャンスをつくります。

それでも「嘘なんてついていません！」と強弁する場合があります。そのような子どもに対しては「そうか…もし間違っていたら後でも教えてね」と伝えて、今後の行動について子どもと一緒に考えるようにします。私たちは警察官や裁判官ではないので、客観的な事実の追求にこだわらない方がよいと考えます。子どもの認識の世界を理解して、その認識に対応しながら、子どもが望ましい行動をできるように導きます。

GOOD!

言い間違いはない？一度深呼吸をしてから、教えてちょうだい。

34 誰に向かって話しているの？

皮肉グセの一種です。自分に対して答えているのがわかっているのに、「それは教師に対する言葉遣いではありません」と直接言わずに、遠回しな表現を使う例です。友達感覚で話しかけた時などに、口を突いて出てしまうことがあります。「先生、トイレ！」に対して「先生はトイレではありません」と答えるのも同じです。

教師としては、子どもに気付いてほしい意図がありますが、子どもは戸惑います。子どもは悪意をもっているわけではないのに、皮肉を込めて返されるからです。「きちんと答えてくれない」と誤解する場合があります。皮肉交じりの返答が続くと、次第に子どもは話しかけなくなるかもしれません。

もちろん、言葉遣いの指導は大切です。見過ごし続けると子どもが増長して、教師との関係性が逆転することがあります。大切だからこそ、しっかりと伝わる表現にします。

GOOD!

その言葉遣いはやめてほしいな。…「(丁寧な言葉で言い換え)」と言ってほしいな。

言い換えとして、適切な言葉遣いではないと指摘し、具体的な言い換えを教えます。例えば「先生、プリント忘れたからちょうだい!」と言った子どもに対して、「その言葉遣いは、やめてほしいな。『先生、プリントを忘れたのですが、予備はありますか? もしあったら一枚ほしいです』と言ってほしいな」と伝えます。**言葉にこだわる姿勢が伝わるようにしましょう。**

もちろん、小学校低学年の子どもは、そこまで丁寧に話す必要がないのかもしれません。また、手のかかる子どもと対応する時に、あえてくだけた表現でコミュニケーションを図ることもあります。その場合は、休み時間は許容しても、授業中は丁寧な言葉遣いにこだわるなど、場面を限定して対応しましょう。そうすると、子どもは場に応じた行動の重要性に少しずつ気付いていきます。

生徒指導

学級経営

授業

35 普通はまずあいさつ！

あいさつをせずに用件に入った子どもに対して言いがちな言葉です。「普通」という言葉は、やっかいです。教師にとっては普通でも、子どもにとっては普通ではありません。そして、「普通」のことを学ぶ場所が学校であるとも言えます。また、子どもに対して「普通は…」と指導する背景には「私は普通の側だが、あなたは違う」という意識が見え隠れします。自分の側に正当性があると判断して「普通ではない」と判断した相手を攻撃している場合もあるかもしれません。言われた子どもからすれば、「価値観を押し付けないでほしい」と「思い込みが激しいな…」と感じる可能性があります。

「普通は」に限らず、「当然」や「常識」などの表現も慎重に使用すべきです。指導する理由になっていません。「なぜ当然とされるのか」や「なぜ常識として共有すべきなのか」ということにまで踏み込んで説明しないと、子どもは納得しません。

GOOD!

こんにちは（こちらからあいさつの手本を見せる）

「普通」を理由にせずに、手本を具体的に示しましょう。あいさつであれば、こちらからさわやかに「おはようございます！」や「こんにちは」と声をかけます。そうすれば、多くの子どもはあいさつを返してくれます。**行動で模範を示します。**

なかには、あいさつを無視して用件に入る子どももいます。その時には、用件に関する話が終わった後に、「〇〇さん、私に話しかけないといけないって急いでいる気持ちは伝わったよ。でも、今度は、あいさつをしてから用件を伝えてほしいな。あいさつをされると気持ちが明るくなるからさ」と、子どもの事情を理解しつつ、期待する行動を伝えましょう。そうすると、子どもの視野が少し広がります。

子どもの見ている世界を広げるのは、私たち教師の役割です。普通や常識を振りかざすのではなく、視野が広がるように前向きな声かけに努めましょう。

学級経営
のログセ変換

36 私が学生の頃は…

「先生は先に生まれただけ」という言葉がありますが、人生の先輩として過去を引き合いにして苦言を呈したくなることがあります。教員に限らず、大人が若者に昔語りをするパターンは、大きく次の三つに分けられます。

- **自慢話**…「私が学生の時はもっとがんばった（だからあなたももっとがんばれ）」
- **苦労話**…「私が学生の時は大変だった（だからあなたたちは恵まれている）」
- **被害の経験**…「私が学生の時は酷い目に遭った（だからこのくらい我慢しなさい）」

どのパターンも、子どもは実感をもてません。過去を引き合いに指導されても納得できません。内心で「今は違う」と思いながら、教師の話を聞き流すのも無理のない話です。

GOOD!

1年生の頃のあなたに、今のあなたは何て声をかけたい？

教師による懐古的な話は子どもたちに響きません。ただし、子どもたちは今の状況を絶対視しがちであり、時間軸を意識して視野を広げることは大切です。そこで、他者の過去との比較ではなく、**過去の自分と対話を促します。**

具体的には、「学習に関して、1年生の頃のあなたに今のあなたは何て声をかけたい？」という尋ね方がおすすめです。学習に限らず、生活面や習い事でもよいでしょう。このように自分で自分に声をかける設定だと、率直な気持ちを表明できます。その上で「過去の自分にそう言うなら、今もがんばってみないかい？」とやる気を刺激しましょう。

時間軸を意識して現状を客観視できるようになってきたら、未来の自分との対話を促すのも効果的です。「20年後に今の生活を振り返った時に、自分をどうほめたいかな？」という問いを通して、未来と今をつなげて考える機会をつくりましょう。

37 まあ構わないけど

担任として、子どもが一人や複数で行動したことに対して、内心では問題があると感じながら、言及するほどではないと判断した時に「まあ構わないけど」と言ってしまうことがあります。この表現の問題は二つあります。

一つは、不満がにじみ出ている表現であることです。「先生はダメと思っているけど、口では言わない」と感じ取る子どもはたくさんいることでしょう。こういう発言を繰り返すと、「先生は口で言っていることと思っていることが違う」と認識されかねません。

もう一つの問題は、担任が学級の行動の審判役になることです。学級でのルールは事前に子どもと担任の間で共有すべきものです。その場で逐次担任が判断する状況は、子どもたちの自主性を伸ばす機会を減少させます。大人の顔色をうかがって行動する集団にしてはいけません。

言い換えとして、良し悪しについては触れず、子どもが何らかのアクションを起こしたことを認めます。そして、行動にかかわる判断基準を問います。もし問題がある場合は、そこで子どもは気付きます。複数の子どもたちがいる場面なら「それって、よくなかったかもしれない」という発言が出るかもしれません。行動の選択に対する評価と、行動の影響に対する評価を分けます。**子どもが行動を決めたことを担任として認め、行動の是非は子どもに判断を委ねます。**そうすると、子どもたちは闇雲に動くのではなく、先の影響を考えて行動できるようになります。

子どもに判断を任せると、「先生はどう思いますか？」と問われることがあります。その時は「○○の面ではよかったけれど、××の面では改善できると思うよ」と成果と課題を伝え、改善の方法を考えます。このように、子どもと共同して学級経営を行いましょう。

GOOD!

行動したことに意味があるね。どういう風に考えて行動したの？

38 意味わかる？

担任が子どもに対して「意味わかる？」と言うのは、主に次の二つの場面です。一つは、こちらの意図が子どもに伝わっていないと感じた場合です。子どもが「わかりません」と答えた時は、丁寧に説明し直せば済みますが、問題は「わかります」と答えた時です。「それじゃあ、どうしてしないの？」と問い詰めたくなる衝動にかられるかもしれません。もう一つは、「そんなこともわからないの？」という皮肉を込めている場合です。上から目線で子どもを馬鹿にした態度は、子どもの意欲を削ぎます。

特に「私の話したことの意味はわかりましたか？」ではなく、「意味わかる？」と短く問うと、冷たさや性急さがにじみ出ます。子どもは突き放されたように感じ取る可能性が高まります。同じような言葉でも、伝え方で印象は大きく変わります。学級の雰囲気は、そのような言葉の周辺にある要素で変化します。雑な伝え方は避けましょう。

GOOD!

あれ？ ○○って、わかりそうでわからないよね。どういう意味なんだろう？

「意味わかる？」の言い換えとして、**あえてとぼけた口調で意味を確認します。**例えば、一日の目標で総務班や日直の子どもが「切り替えをしっかりする」と決めたとします。しかし、授業と休み時間の切り替えや、活動の切り替えができていないことはよくあります。その時に「あれ？　切り替えって、わかりそうでわからないよね。どういう意味なんだろう？」と問います。そうすると、切り替えるための具体的な行動が確認できます。

意味ではなく、活動のねらいを確認する時にも応用しましょう。学級での話し合いの場面で「あれ？　今日のねらいって…そういえば何だったっけ？」とこっそり委員長に尋ねるか、全体に確認します。そうすると、議論の流れを修正しやすくなります。わざととぼける技は、柔らかい雰囲気の中で学級を前進する力になります。ただし、演技力が必要です。わざとらしいと、皮肉に見えてしまいます。担任には、演じる力も大切です。

39 許可は得た？

子どもが担任と相談せずに学級で行ったことに対して、「許可は得た？」と言ってしまうことがあるかもしれません。しかし、何でも担任の許可が必要というわけではありません。子どもの安全や安心を損なうことや、教育課程の実施に支障がないものでなければ、事後報告で十分です。「許可は得たの？」という言葉の裏には「担任の許可なく勝手なことをするな」という意味が隠れています。子どもたちの自主性を失わせてしまいます。

子どもが想定外の行動をすると、余裕がなければ驚くはずです。驚きは、焦りや不安になります。そして、不安が不満に変わり、怒りの感情を生むこともあります。その結果として子どもを責めるのは、間違っています。私たち教員は、想定外をゼロにするくらい多様な想定をする必要があるからです。それでも想定を超える動きがあった時は、深呼吸して冷静に受け止めて対処しましょう。教師としての器の広さが問われます。

GOOD!

周りのメンバーは驚いていなかったかな？

学級での子どもの自主的な行動に対して、安全等に問題がなければ、教師の許可の有無を話題にするのではなく、他の子どもへの影響に着目します。例えば、「急に班長会議をすることを決めていたけど、周りのメンバーは驚いていなかったかな？」と問います。もし予定を立てていた子どもが戸惑っていた事実があり、発案者の子どもがそのことに気付けば、前もって連絡する大切さを実感できます。

学級での子どもたちの活動は、仲間のために行います。したがって、**担任の都合ではなく、他の子どもの都合に目を向けるように促します。**そうすると、子ども同士で気持ちがすれ違うことを減らし、子どものトラブルを未然に防ぐ効果があります。

なかには、他者の気持ちを想像するのが苦手な子どもがいます。「事前に連絡した方が戸惑うことが減るし、準備の時間もできるから効果が高まるよ」などと助言しましょう。

40 先に言って

「先に言って!」は、重要なことを後で言われた時に出やすい口グセです。担任として判断したり準備したりする余裕がなくなるので、先に教えてほしい気持ちが強くなります。担任として、同僚や保護者に言われて焦る言葉の一つが「先生、知らなかったの?」です。担任としての責任を問われているように感じるからです。実際に学級でトラブルが起きた時は、知らないことで後手に回ります。

担任が事前に情報を把握していないのは問題です。だからと言って子どもに「先に言って!」と伝えても、問題が解決するわけではありません。問題は、学級の仕組みと、教師と子どもたちの関係性にあります。この場合の仕組みとは、子どもが活動する流れをフローチャートなどで明示して共有することです。関係性とは、子どもたちが事前に担任へ伝えやすい雰囲気をつくることです。「先に言って」と言わなくて済む仕掛けが必要です。

GOOD!

まず試してみたんだね。もし次に試す時はどういう流れにするかな?

「先に言って」と伝えざるをない時点で、担任としての動きは後手に回っています。そこで、次を見据えて対策を打ちます。武道で例えると「後の先」の動きです。

具体的な言い換えとして「まずは自分で考えて試したのか。うん」など、子どもの自主性を認めます。続けて「次に試す時は、どういう流れにするかな?」と尋ねます。学級の仕組みが浸透していなくて、子どもが意図をつかみかねていたら「どういう手順で、誰に相談しながら行動するかな?」と、さらに噛み砕いて問いかけます。

事前に担任に伝えなかったことを責めるのではなく、よりよい行動について考えるきっかけをつくります。学級の仕組みをつくっても、機能するまでは時間がかかります。今回の事例のように、意欲はすばらしくても動きとして課題がある場合は、学級の仕組みを定着させるチャンスとして捉えて、子どもたちが前向きになるように声をかけましょう。

41

学級経営

聞いてないんだけど

報告がないことにイライラした時に出やすい口グセです。「先に教えて」以上に、学級経営に悪影響を及ぼすことがあります。その理由は二つあります。

一つは、望ましい行動を明示していないことです。「担任として事情を聞いていないけど、それは困るから、これからは事前に伝えてほしい」という意図の表現ですが、後半を省略すると、子どもによってはどうすべきかわからず、固まってしまいます。

もう一つは、逆に報告・連絡・相談がしづらくなることです。報連相をしやすいように、コミュニケーションを図ることが楽しいと思える学級をつくるのは、担任の役割です。「聞いてないんだけど！」と冷たく言い放っては、コミュニケーションの楽しさが失われ、子どもたちは義務感が生じます。子どもたちは仕事をしているわけではありません。厳しい上司のようなふるまいは、担任には必要ありません。

子どもが伝えた情報に対して「事前に教えてほしかったな」と感じても、指摘の前に感謝の意を示します。その子どもからすれば、情報を伝えると感謝されるとわかれば、次も報告をしやすくなります。続けて「自分で考えたんだね」と確認し「うまくいったと感じたことは？」や「何か困ったことはなかったかな？」と振り返りを促します。そこで、子どもが課題に言及したら「もし、今度困ったことがあったら、私に事前に相談してね」と伝えます。**子どもの自主性を認めつつ、よりよい活動のために相談する意識を高めます。**

報連相については、そもそも「聞いてないけど」と言う前に、情報を自分で入手しに行きましょう。ふんぞり返って待っていると、本当にほしい情報はなかなか手に入りません。担任と子どもの関係がこじれていると、悪い情報は隠されていきます。学級王国の裸の王様にならないように、温かい雰囲気づくりとフットワークの軽さを意識しましょう。

GOOD!

伝えてくれてありがとう。自分で考えたんだね。

生徒指導
学級経営
授業

42 大事なことだから一回しか言いません

子どもが集中して聞くことを意図して「大事なことだから一回しか言わない」と宣言してから連絡する方法を耳にします。もし子どもが忘れていた場合は「前から言っていたよね」と突っぱねる例も見受けられます。関連して、以前伝えたことについて子どもが質問した時に、「前にも言ったよね」と返すような口グセもあります。

これらの言葉の問題は、挽回の機会を失わせることです。たしかに、集中力のギアを上げる力は大切です。それとは別に、課題に直面した時に適切に対処する力が欠かせません。今回の例で考えると、もしも大事なことを忘れてしまったら、誰かに聞いたり資料に当たったりして思い出すことがより重要です。

また、言葉の重みを出そうとして、情報を一度しか伝えないと限定する手段を取るのは推奨できません。教師が重要な情報を独占して、子どもを過度に管理する恐れがあります。

GOOD!

大事なことだから何回も言うよ。

大事なこと「だから」一度しか言わないという考えは、矛盾しています。**大事なら何度も繰り返し伝えるべきです。**そうしないと、学級の子どもたち全員に伝わらないからです。学級経営では「言わなくてもわかる」という決めつけをすると、担任と子どもたちの間に認識のずれが生じます。

「大事なことだから何回も伝える」というメッセージを出すのと同時に、大事なことを忘れた時の対応について考える機会をつくります。「一度聞いたはずの大事なことを、もし忘れたらどうする？」と問うと、「友達や先生に聞く」という他者に頼る方法の他に、「メモしておく」など予防のためのアイデアも出ます。助け合いや自己管理に関する具体的な方法を理解できます。子どもの選択肢が増えると、個人の自主的な行動や仲間との自治的な活動が行いやすくなります。選択肢を子ども自身が見出す方法を工夫しましょう。

生徒指導
学級経営
授業

43 早く！ 急いで

学校は分刻みでスケジュールが決められています。先を見通して優先順位を付けるのが苦手な子どもにとっては大変です。集団で行動する時に、特定の子どもがいつも遅れるのは、よくあることです。

または、時間が迫っているとわかっているのに仲良しグループでゆっくりと行動している場面もしばしば見られます。子どもは狭いグループでの人間関係が壊れることを恐れて、行動の是非に関係なく友人に合わせたがる時があります。

いずれも、遅れて行動する子どもに「早く！　急いで」と言って、その場では間に合ったとしても、別の機会で繰り返されます。そこでまた急かすと「いつも遅れる子どもやグループ」と認識され始めます。他の子どもから下に見られる危険性があります。逆に、遅れる子どもが開き直って「自分たちは遅れてもよい」と妙な優越感をもつ場合もあります。

GOOD!

よし、タイムリミットを確認しよう。

時間に間に合うように行動してもらわないと困るのは確かです。急ぐ意識を高めるために、時間を確認します。例えば「よし、○○さん、英語の課題のタイムリミットを確認しよう」や「何時までに体育館へ行くんだっけ？」と、**時間や期限に着目するように声をかけます。**子どもが「急がないとまずい」と感じたら、間に合うような行動を促します。

視野が狭い子どもだと、時間が迫っていることに気付いた瞬間に焦ることがあります。別の場所へ集合するために廊下を走るなど、別のトラブルを起こしかねません。予防として、「他の人とぶつかると危ないから、走らずに早歩きで急ごう」と具体的な行動を指示する配慮が必要なことがあります。

難しいのは、遅れることに問題を感じない場合です。「周りに迷惑をかける」と言っても納得しない時は「みんなのために力を貸してほしい」と前向きに協力を依頼しましょう。

44

何でも周りに合わせるんじゃない！

子どもの自主性を期待しても、思うように動いてくれないことはよくあります。周りに遠慮しているように見えると、期待を込めて「何でも周りに合わせるんじゃない！」と言いたくなることがあります。

それは、その子のせいなのでしょうか。誰かの目を気にせざるを得ない状況に置かれている可能性を検討しましょう。教師の管理的な雰囲気が強い場合、特定の子どもとの折り合いが悪くて前に出ると叩かれる不安がある場合、他人任せにして自分は汗をかきたくない場合など、様々なケースが想定されます。目の前の「この子」をよく見て、状況を分析しましょう。

また、「何でも周りに合わせる」のはよくありませんが、全く合わせないのも問題です。学級の仲間との足並みをどのようにそろえるのか、具体的な指示が必要です。

GOOD!

あなたがしたいことは何かな？

子どもに自主性を育みたい場合は、周りに合わせないことを指摘するのではなく、この子がしたいことを確認します。まずは「あなたがしたいことは何かな？」と問いましょう。希望を述べるよりも、「特にありません」と答える方が多いかもしれません。その時は「どんな自分になりたいかな？」や「うちのクラスをどんな風にしたい？」と尋ねます。**将来のビジョンを想像すると、具体的な目標や取り組みたいことが見えてきます。**

子どもによっては「○○と同じなら別にこだわりはないです」と、誰かに合わせることに価値を見出している場合があります。その時は、「それじゃあ、○○さんの願いは、どんなことなんだろうね」と返して、別の子どもと一緒に、期待する姿や学級の在り方について考えるようにします。子どもの自主性を育もうとすると、一人ずつ鍛えるという意識が強くなります。その発想を変えて、集団として自主性を伸ばすようにしましょう。

45

学級経営

好きでやっているんでしょ？　ならがんばって

子どもが好んで選んだことは、最後まで貫くのを期待した口グセです。励ましのつもりでも、子どもの責任にして終わりだと、別の好きなことを実行しづらくなります。新しい挑戦をしようと思った時に「でも、うまくいかなかったらどうしよう」と失敗が頭をよぎって躊躇するからです。

また、こういう言葉に対して「好きでしているので僕の勝手でしょ」と言う子どもが出た時に対応が難しくなります。学級という枠組みがある以上、何でもＯＫではありません。子どもたちには、結果を気にせず夢中に取り組める環境を整えたいものです。そして、子どもが好きでしていることこそ、応援が必要だと考えます。子どもの裁量が大きくてゴールが見えづらい分、教師の手助けが必要だからです。手助けをしながら、子どもが個別に願うことを、学級の他の子どもの願いと関連付けて、学級として方向性を固めましょう。

子どもが好きなことを見つけて挑戦するのは素晴らしいことです。担任としてすべき支援は大きく二つあります。

一つは、**子どもの動機を生かす**ことです。「好きな気持ちを、がんばる力に変えることができそうかな？」と問い、子どもが同意したら、その方法を具体的に考えます。例えば、やり遂げた自分の姿をイメージする方法や、目標を細分化して小さなことから継続する方法などを提案して、子どもが自己決定する支援をしましょう。

もう一つは、**目標の再設定を提案する**ことです。好きで始めても、続かないことがあります。目標が高すぎて達成しないままに終わると、子どもには挫折感が残ります。そこで、「〜できるようになるまでは続けてみない？」とゴールを変えたり、「あと一週間がんばってみて、結論を出そう」と期限を切ったりすることを提案しましょう。

GOOD!

好きな気持ちを、がんばる力に変えることができそうかな？

46 自分たちでがんばろう

子どもが自主的な活動で行き詰まっている時に、励ますつもりで「自分たち（あなたたち）でがんばろう」と言うことがあるかもしれません。子どもたちからすると見放されたように感じることがあります。「任せる」と「放任」の境界線を見誤ると、担任と子どもの信頼関係にヒビが入ります。

また、自主的な活動で失敗経験が続くと、子どもは意欲をなくして受け身になります。自分たちで何かをするより、教師が提供する活動に乗った方が楽だからです。

子どもが自分たちでがんばるためには「①ゴールが明確で、②ゴールへの大きな道筋が見えていて、③道の途中でつまずいた時に助け合って乗り越える術をわかっている」という三つの条件が必要です。担任の役割は、子どもたちが動き出す前に、この三つの条件を整えておくことです。子どもに任せる時こそ、事前の十分な準備が不可欠です。

GOOD!

力を借りたい人はいる?

準備を万端にして子どもに任せたとしても、つまずくことはよくあります。子どもたちが自力ではどうしようもなければ、担任が手を差し伸べます。ただし、子どもに代わって担任が前に出ると自主性が育ちません。

そこで、子どもたちに対して「力を借りたいことはある?」と尋ねます。子どもたちが「あります」と答えたら、「どんなこと?」と力を借りたい内容を確認します。また、「誰に協力してほしいかな?」と力を借りる相手も尋ねます。

力を借りる相手は、教師よりは別の子どもが望ましいでしょう。学級の全員が自主的な活動に取り組むことは稀です。中心となって動いてきたリーダーだけでは手が足りない時に、**フォロワーとして動いてくれる仲間を増やす**ことを提案します。このように、つまずきを好機と捉えて、学級の自主の輪を広げましょう。

生徒指導

学級経営

授業

47 自分で決めたなら最後まで責任をもちなさい

自由や権限には責任が伴います。子どもが自ら判断して選択した時に、この口グセのように子どもに責任を求めたくなる気持ちは、わかります。しかし、賛同はできません。教室で起きたことは担任が責任をもつべきだからです。子どもが選んだことでも、学校で選ぶ場をつくったのは私たちです。責任の所在はこちらにあります。そして、担任の責任は、最終的には管理職が担います。子どもの挑戦に対する責任を取るのは大人の仕事です。

また、子どもに責任を問えば、子どもは挑戦することに二の足を踏みます。子どもが「失敗しても先生がきっと何とかしてくれる」と考えるのは、甘えではなく信頼です。担任として、簡単に失敗をしないように子どもを支えましょう。それは、失敗をしないように先回りをするという意味ではありません。子どもが的確に判断するための情報を整理し、判断基準を示し、挑戦を成功させるための手立てを一緒に考えます。

GOOD!

一度決めはしたけど、試した結果を受けて新しく決め直すことはない？

子どもが自分で決めたことを最後までやりきるために、困り感を解消してやる気を引き出しましょう。そこで、一度決めたことを変えるのは悪いことではないと確認します。そして、「決め直す」という表現を使いましょう。決めたことを止めるのではなく、子どもが**前に進むために、自ら判断して新たに決め直す**という意識をもてるようにします。

また、子どもの視野は、想像以上に狭いものです。一つの方法を選ぶと、いつまでもこだわって貫き通そうとします。最初に決めた方法にこだわり続けて、失敗に至る道を引き返せないのは問題です。勇気をもって選び直すことが大切です。

そこで、ゴールは変えずに、ゴールにたどり着くための別のルートを検討するように促します。「決め直したことをゴールまで続けるために、やり方を見直す必要はある？」などと問います。状況に応じて最適な選択を考えて判断するのは、責任の取り方の一つです。

48

学級経営

いつもそうだよね？

決めつけグセの一種です。子どもの発言や行動について、担任として危惧していたことが現実になった時に、それを否定的に捉えてマイナスの評価をする時に使ってしまうことが多いと思います。言外に、その子に対する期待値の低さが表れています。

子どもが学校で見せる姿は多様です。授業と休み時間、学級にいる時と部活動の時など、別人のように見えることがあります。子どもの特徴を決めつけてしまうと、その多様な姿を見る目が曇ります。見たいものしか見えなくなり、子どものよさを発見できなかったり、子どもの問題を見逃したりします。

また、学校では同じ状況が再現されることは稀です。子どもたちが違う上に、個々の子どもは成長し、学級は変化するからです。それにもかかわらず、「この子はいつも～をする」という認識は大雑把です。教師としての目を鍛えることが大切です。

GOOD!

今回はうまくいかなかった？

子どもの発言や行動に課題があった場合、「いつもそうだよね？」の言い換えとして、「今回はうまくいかなかった？」と問います。「今回は」と限定するのがポイントです。過去を含めて指摘をすると話が長くなり、子どもは聞くだけで疲れて意識や行動をなかなか変化させません。そこで、**過去ではなく、目の前の子どもに目を凝らします。**子どもは「今回はうまくいかなかった」と受け止めて、「次はがんばろう」と前向きになります。

難しいのは、明らかに失敗をしているのに、子どもが「うまくいきました。たまたまハプニングがあったけど、臨機応変にできました」と課題に向き合わずに自分に甘い評価をする場合です。その時は「今回、困ったことはなかった？」と振り返りを促して、課題に気付きやすくします。それでも気付かない時は、担任が「もっとすごい結果を出せそうだから、あえて言うと…」と今後の期待を込めて課題を指摘しましょう。

49 信じているよ

子どもの可能性を信じることは、とても大切です。ただし、信じるのと「信じる」と子どもに伝えるのは、同じではありません。特に、何の手助けもなく「信じているよ」と言うのは、無責任です。放任しておいて、子どもが行き詰まった時に「信じていたのに…」と子どもに責任転嫁をすることは、教師として許されません。子どもを傷付けるからです。

また、「信じる」と伝えることで、教師が子どもへ圧力をかける場合もあります。「信じているからな！」と口にしながら、実際は「余計なことをするなよ」という意味合いのことがあります。圧力をかけられた子どもは、挑戦する意欲を失い、静かにやり過ごそうと考えます。信じることを口実にして子どもたちを管理し、自主性を潰してはいけません。

響きのよい言葉は、実態を伴わなければ虚しいだけです。言葉に責任をもって、子どもや同僚、保護者から「○○先生って、口だけだよね」と言われないようにしましょう。

GOOD!

正解はわからないけれど、一緒に考えよう。

「信じている」と言いながら突き放す背景には、学級経営では何が正解か、子どもはもちろん教師もわからないという問題があります。担任を務めていても、目の前の子どもたちにはどのような仕掛けや仕組みが合っているのか、試してみないとわかりません。わからないから「信じている」という言葉を口実にして、担任としての責任を放棄してしまう面があります。格好つけて「信じているよ」と言うのを止めて、素直に「正解はわからない」と伝えます。そして「一緒に考えよう」と子どもたちと歩み続ける決意を述べます。

子どもと一緒に考える中で、様々なアイデアが出ます。それらのアイデアから一つを決める時や実行に移す時には、子どもに任せることを伝えます。支援をしながら、大事な場面を子どもに託します。前に出るのも子どもに任せます。**信じているなら、子どもを支えましょう。**信じる気持ちは、担任として支える振る舞いから自然と子どもに伝わります。

生徒指導

学級経営

授業

50 責任から逃げるんじゃない！

学級でリーダーを務める子どもに対して、期待通りの姿が見られなかったとします。「どうしたの？」と確認をして、もし子どもが言い訳をしたら「責任から逃げるんじゃない！」と言ってしまうことがあるかもしれません。叱咤激励のつもりでも、子どもにとってはショックな表現です。リーダーとしてうまくいかずに悩んでいるかもしれません。リーダーを引き受けた時には想像していなかった重責に、耐えかねているかもしれません。逃げたように見える行動の裏にある事情を理解しないと、子どもは逃げ道を失います。学級全体に、失敗を許容しない雰囲気が強まり、前に出る子どもがどんどん減ります。

そもそも責任から逃げているのは、子どもなのでしょうか。担任としての責任から逃げて、子どもに責任転嫁をしていないでしょうか。うまくいかない原因を子どもに求める前に、担任として学級の仕組みと個々のかかわりを振り返り、改善点を探りましょう。

GOOD!

責任が重たくて大変だと感じるのは、どんなところ？

担任の思い通りに子どもが動くことを期待するのではなく、子どもが自ら改善の方法を考えるように働きかけます。例えば、学級委員の子どもに対して「委員長の役割の責任って思いでしょ？　責任が重たくて大変だと感じるのは、どんなところ？」と問います。大変さや責任の重さを感じていると読み取ったら、それを前提に問います。そして、子どもが大変さに言及したら「○○さんは、よくやっているよ」と努力を認めます。そして、「一人で抱えるのではなく、一緒に企画や準備を手伝ってくれる仲間を見つけると、さらによくなるよ」と、さらに期待する姿を伝えます。**努力を認めた上で、足りない面や期待することを話します。**子どもを責めるためではなく、成長を心から願って思いを伝えます。

学級担任の責任は、教室で子どもを守り、成長へと導くことです。教室で大人は担任一人であり、孤独です。だからこそ、教室の子どもたちと協力してリーダーを育てましょう。

51 前に立っている人の言うことを聞こう

学級委員などのリーダーが教壇に立って説明している時に、子どもたちが私語をしたり別の方を向いたりしていることがあります。その時に、リーダーを助けようとして「前に立っている人の言うことを聞こう」と担任が呼びかけるとします。具体的な指示としては、悪いわけではありません。

ただし、子どもたちの自主性を育む面では、課題があります。それは、子ども同士の関係性の固定化を助長するからです。「言うことを聞く」という表現は、言う側の立場を上にして、聞く側の立場を下にするおそれがあります。また、「前に立っている子どもは偉いから、その他の子どもは聞くべきである」というニュアンスが含まれる場合があります。その結果として、前に出る子は成長しても、聞く側の子どもたちは受け身の姿勢が強化されかねません。担任として言葉を発する時は、その意図と影響を十分に考えましょう。

言い換える前の言葉との違いは、聞く側の子どもたちが積極的にフォローするように促す点にあります。子どもたちは「フォローってどういうこと？」という疑問を頭に浮かべます。フォローの仕方もそれぞれ違いが出ます。

そこで、具体的なフォローの方法を確認します。事前に示すよりも、実際の子どもたちの動きを振り返り、それらを分類することを勧めます。実際に行ったことを分類して価値を確認すると、「なすことによって学ぶ」機会が生まれます。

フォローの方法としては「対等な立場で支える」「寛容さを大切にして仲間として応援する」「目的と目標を共有して付いていく」「建設的な批判をする」などがあります。子どもたちは、良好な関係性があり、具体的な方法がわかれば自ら判断して動くようになります。前に出る人の言うことを聞かないという状況を生かして、成長へつなげましょう。

GOOD!

前に立つ〇〇さんをフォローしよう。

52 全部任せた

子ども主体の活動を進める時に、期待を込めて「全部任せた！」と言うことがあるかもしれません。子どもはやる気になる可能性が高いですが、「全部」は言いすぎです。

実際に、子どもに全部を任せることはできません。まず、学校教育という枠組みがある以上、子どもの裁量には限界があります。

このように、子どもに対する期待を込めて大げさに言葉をかけることがあります。それをわかる子どもがいる一方で、言葉通りに受け止める子どもだっています。後者の子どもは、想定外の動きを見せるかもしれません。その場合は抑制が必要ですが、子どもからすると「言われた通りにしたのに叱られた」と感じてもおかしくはありません。

また、全部を任せられると、子どもはすべきことを焦点化できません。広く浅い活動になったり、戸惑って終わったりする可能性が高まります。手応えのない活動になります。

子どもに何を任せるのか、担任として明確に伝えます。基本は次の三点です。

①目的…何のために任せるのか、子どもと担任が合意をしている
②条件…任せる内容や、子どもたちができること、できないことを理解している
③期限…活動の期限に加えて、行程や時間帯が作成されている

まず、**子どもに任せる目的**を伝え、子どもが納得することが最も大切です。次に、**任せる範囲と条件**を明確にします。子どもたちができることに加えて、できないことを伝えます。最後に、**活動の期限**を示します。期限に合わせて目標を細かく設定し、活動の行程を可視化します。そうすると、ゴールに向かう進捗状況を確認しやすくなります。

GOOD!

目的は〜、条件は①…②…、期限は〇〇。後は任せる!

53 誰の責任？ あなたは学級委員でしょ？

学級委員などの役職にある子どもに対して言いがちな言葉です。期待した姿と実際の子どもの姿に差がある時に、叱咤激励のつもりで口にすることがあるかもしれません。言われた子どもからすれば、「誰の責任？」と問われて「先生のせいです」とは言いづらいでしょう。また、「あなたは学級委員でしょ？」と言われても、肯定するしかありません。

委員長や生徒会（児童会）などの役職に言及して指導するのは、極力避けるべきです。仕事と違って、子どもたちは報酬を得ているわけではありません。役職にからめた指導が続くと、他の子どもを含めて、別の場面で役職を希望する意欲が下がります。また、「別にやりたくてしているわけではない」など、子どもが開き直ることもあります。

学級委員などの任命責任は、教師にあります。子どもが想像と違う姿だと、焦って強く指導しなければと思うことがあります。教師としての負の感情を自覚しましょう。

GOOD!

学級委員の仕事で、思っていたのと違う所はない？

学級委員などの負担の大きい仕事に対して、子どもは深く考えずに立候補することがあります。学級のリーダーを決める時は、安易な立候補ではなく、所信表明の場をつくったり互選にしたりするなど、実態に応じた仕組みをつくりましょう。それでも、担任から見て心配の多い子どもがリーダーになった時は、辛抱強く育てる覚悟が必要です。

そこで、子どもが期待する姿に至らない時は「○○の仕事で、思っていたのと違う所はない？」と、**子どもの現状認識を問います。**困っていることがわかったら、助言をしたり、フォローしてくれる子どもを見つけたりします。

もし「いえ、特にありません」とリーダーの子どもが答えた場合は「理想的な委員長の姿って、どういうイメージかな？」と問います。**目指す姿を具体化**させて、その姿に近付くために必要なことを子どもと一緒に考えましょう。

生徒指導

学級経営

授業

54 聞こえませーん！ もっと声を大きく！

子どもが学級全体に向けて話している最中に、教師が「聞こえませーん！」と言うのは避けるべきです。また、「もっと声を大きく！」と強い口調で言うのも自重しましょう。子どもは、教師ではありません。前に出て同じ立場の子どもたちに向かって話すのは、勇気のいることです。それを忘れてはいけません。

教師の「聞こえませーん」のような言葉は、他の子どもがすぐにまねをします。また、「聞こえた？」など周りの子どもに聞くのも止めましょう。このような前に出る子どもをからかう雰囲気が少しでも生まれると、がんばる子どもが報われなくなります。リーダーが生まれにくい学級になります。

本来ではあれば、声の大きさを事前に確認し、練習してから前に立つようにすべきです。事前に必要な手立てをせずに子どもを困らせてはいけません。

GOOD!

うん、もう一段階、声のレベルを上げよう。聞く側は、どう協力できるかな？

事前に準備や練習をしたにもかかわらず、いざ子どもが前に立つと、緊張から声が小さくなることがあります。放っておくと聞く側の子どもたちがざわざわし始めて、前に出る子どもは動揺して、さらに声が小さくなるかもしれません。そこで、話す側の子どもに対しては「うん、もう一段階、声のレベルを上げよう」と助言します。普段から、声の大きさをレベルで示しておくと、調整しやすくなります。

同時に、聞く側の子どもたちにも問いかけます。「聞く側はどう協力できるかな？」などと、フォローする動きを期待します。そうすると、聞く側の集中力が上がります。

そして、前に立つ子どもの話が無事に聞こえるようになったら、終わった後に「大事な話だから、みんなに届いて本当によかった」と評価します。子どもに任せる場面でうまくいかないことはよくあります。**問いかけを工夫して子どもたちの修正力を育みましょう。**

55 ちょっと今、忙しいから

子どもに話しかけられた時に、思わず口にしてしまうかもしれない言葉が「ちょっと今、忙しいから」です。この言葉を発する状況は、大きく二つあります。一つは、本当に忙しくて手が離せない状況の時です。子どもは大事な相談をするかもしれません。その情報を手にする機会を失います。また、子どもから「先生は自分の都合を優先する」と思われる可能性もあります。

もう一つは、特定の子どもが繰り返し話しかけてきて、しつこさを感じて「忙しい」と口にする場合です。相手の都合を考えることが苦手な子どもだと、「何だよ、もう！」と教師の言葉に反発する場合があります。また、何度も話しかけてくること自体が、子どもからのサインの場合があります。さみしさや愛情を欲している気持ちの表れだと考えれば、忙しいことを理由に対話をしないのは、子どもの問題に蓋をしてしまうことになります。

GOOD!

じっくり聞きたいから、この仕事を片付けるまで一分待って。

教室にいる時は、子どもに関する仕事を最優先にすべきです。しかし、やむを得ず事務的な処理をせざるを得ないこともあります。そこで、子どもが話しかけてきた時には、待つように伝えます。その時に、理由として「忙しいから」ではなく「じっくり聞きたいから待ってほしい」という発想をもちましょう。**子どもを最優先にするからこそ腰を据えて対応する**ために、雑務を先に片付けます。他の子どもの対応をしていて、別の子どもの相手ができない時も「ごめん！　○○さんと話しているから、終わるまで待ってね。終わったら、じっくり話を聞かせて」と事情を説明します。

また、子どもに待ってほしい時間が読める場合は「一分」や「五分」など具体的に伝えましょう。宣言した時間になったら、その子どもの対応に切り替えます。伝えた通りに時間を守ることが、信頼関係を構築する第一歩です。

56

みんな仲良く協力しよう

あいまいな表現で、実現が難しいことを担任が口にすると、子どもは白けてしまいます。その代表例が「みんな仲良く協力しよう」です。この表現の問題は二つあります。

一つは、「みんな」の範囲があいまいなことです。学級の一人残らずという文字通りの意味なら、全員が仲良くするのは現実的ではありません。

もう一つの問題は、仲良くなければ協力できないという間違ったメッセージを伝えかねないことです。むしろ、実際は仲の良し悪しに関係なく協力することが大切です。足を引っ張り合わずに、子どもがそれぞれの持ち味を生かして力を合わせることが大切です。

「みんな」や「仲良く」という言葉は、便利ですが安易に使うと現実的ではなくなってしまいます。担任は子どもと接する時間が長いため、文字通りの意味で言葉を使うことが大切です。教育のプロとして、言葉にこだわりましょう。

GOOD!

仲間に対して、自分ができることを考えよう。

仲良くなくても協力するのが仲間です。仲の良し悪しには相性が影響するため、学級の全員と仲良くなるのは現実的ではありません。そもそも学級のメンバーは、子どもの意思で決まっているわけではありません。そのメンバーの全員が仲良しになるとは限りません。むしろ、**仲が悪くても仲間として協力する**ことが大切です。

それでは、協力できていない子どもに対して、どのような声かけが効果的でしょうか。勧めるのは「仲間に対して、自分ができることを考えよう」です。まず、仲間という表現を積極的に使うことで、学級の全員が仲間であるという意識を高めます。

また、子どもに「自分ができることは?」と問うと「(自分のために)したいこと」より「仲間のために自分ができること」を考え始めます。そして、「仲間と一緒に○○をしたい」という気持ちが出てきます。そうすれば、結果的にある程度、仲もよくなります。

生徒指導
学級経営
授業

57 助け合いが足りない

学級の子ども同士で助け合う姿勢が見られないことがあります。その時に担任が「助け合いが足りない」と指摘しても、子どもはどうすればよいかわからず、戸惑います。助け合いが足りないのは事実かもしれませんが、それ以前に担任による現状の分析が足りていません。次のような問題がないか探るのが先です。

- 視野が狭く、助けが必要な状況であることが見えていない
- 関係性が悪く、助けたいと思わなかったり、無関心だったりする
- 学級の仕組みが弱く、助ける手段を子どもが自力で考えなければいけない

これらの問題は一部です。課題を指摘して終わらずに、改善の方向を示しましょう。

GOOD!

もっと助け合う学級を目指すために、学級の穴はどこにあるか探そう。

言い換えとして、助け合いの不足を指摘するのではなく、助け合える学級にしたいという担任の思いが伝わる表現にします。そして、「学級の穴」という言葉を使って、子どもが学級の課題を探すように促します。そうすると、学級の現状や子どもの関係性、リーダーシップやフォロワーシップを発揮する仕組みなど、様々な面での課題が挙げられます。

課題が複数出されたタイミングで、「それって、埋めるべき穴かな？　それとも、柱を立てるのに使うべき穴かな？」と問います。担任として、**マイナス面を改善してゼロにする方法と、学級の強みと捉えて伸ばす方法という二通りの道を示します。**子どもたちは、議論の上で道を決定します。

学級の課題について率直な意見をやり取りできる学級は、必ず成長します。子どものよさに甘えることなく、よりよい学級づくりを子どもと一緒に進めましょう。

58 仲間を信頼しよう

「仲間を信頼しよう」という声かけは、言葉の内容としては正しいですが、教師として子どもに伝えるべきかどうかは、慎重に検討しましょう。「信頼しよう」と呼びかけても、信頼関係ができるわけではないからです。言葉は正しくても、文脈や方法が不適切です。教師の「正論グセ」と言えます。

そもそも、信頼は仲間と対話や協力を続けた結果、少しずつ積み重ねられるものです。そして、信頼の厚さによって次の行動が変わります。したがって、「信頼しよう」という声かけは、子どもが信頼することや信頼されること自体を目的化するおそれがあります。

学級経営では、大事なことは何度も伝えるのが基本です。しかし、大事だからあえて言わない場合もあります。その一つが「仲間を信頼しよう」です。学級の現状を捉えて「仲間を信頼しているね」という評価は大切ですが、軽い気持ちで使うのは避けましょう。

GOOD!

仲間に何を任せる？

信頼を表現する手段は様々ですが、学級経営で基本になるのは任せることです。そこで、「仲間に何を任せる？」と問います。信頼の度合いによって、任せる内容や幅が変わります。最初は簡単な作業などで十分です。よい結果が出れば、信頼が増します。信頼が増せば、任せる内容が拡大します。**「任せる」と「信じる」の好循環を引き出しましょう。**

注意点として、子どもによっては任せるのではなく、押し付けることがあります。自分が嫌な仕事を別の誰かにさせようとする場合です。そのような問題を防ぐためには、任せても放任しないように、フォローの体制を整えます。任せた活動の進捗状況を確認して、ゴールに届くために必要な支援を具体化するのは教師の役割です。また、任されたことを意気に感じて努力する姿を積極的に評価します。教師がフォローを率先すると、他の子どもたちもフォロワーシップを発揮し始めます。任せていても皆で協力するようになります。

59 仲良くするところから

仲良くすることを活動のスタート地点に置くと、スタートできない子どもがたくさん出ます。または、表面的に仲良くしようとして我慢しながら行動を共にして、ストレスをためる子どもが出てきます。

また、仲良くするのをゴールにすることも勧めません。仲の良し悪しは、努力で変え難いことです。一緒に過ごす期間が長くなった結果、相性のよさを実感して仲良くなることはあります。同じ学級になったことをきっかけにして仲良くなる場合もあります。しかし、それらは、学級として目指すべきゴールとは別の副次的なゴールです。

打ち解けるのと、仲良くなるのは別です。例えば、私たちが研修のアイスブレイクで緊張感が減っても、研修が終われば別れてそれっきりになるのは珍しいことではありません。それは子どもたちも同じです。仲良くなることを学級の目的にするのは避けましょう。

GOOD!

まずは一緒に試してみよう。

担任として、子どもたちが教室で仲良く過ごしてほしいという願いをもつのは大切です。ただし、仲良くすることを目的化したり、それを子どもに言葉で伝えたりしても、仲良くはなりません。仲のよい学級をつくることはいったん脇に置いて、子どもが他者と共同して活動する機会の保障を優先します。そのために「まずは一緒に試してみよう」と声をかけます。「まずは」と言うことで、複数の段階があることを示唆します。そして、「試す」という表現を使うことで、活動のハードルを下げ、うまくいかなくても大丈夫だと子どもにわかってもらいます。

試した結果うまくいけば、より歯ごたえのある活動を準備します。活動の質が上がって成果が出れば、共に汗を流した仲間への信頼は増していきます。**仲良くなるかどうかは子ども次第ですが、信頼できる仲間をつくるのは担任の工夫次第です。**環境を整えましょう。

生徒指導
学級経営
授業

学級経営

60 いちいち言わないとわからないかな

担任としては子どもに察してほしいことに気付かなかったり、子ども自身に判断してほしいことを質問してきたりした場面で見られる言葉です。苛立ちと皮肉が言葉から漏れ出ているような表現です。こんな風に言われた子どもは、固まってしまうかもしれません。子どもが困っている時に、成長を促そうとして厳しい対応をする意図はわかります。しかし、その効果には疑問を感じます。子どもが「困っていたのに先生に冷たくされた」と感じると、自身の成長ではなく教師への不信に意識が向くからです。

そもそも、いちいち言わないとわからないのは、子どもに原因があるのでしょうか。そうではなく、教師として必要な支援や困った時の手立てが不十分だった可能性を検討しましょう。子どもを責めるのは簡単ですが、学級経営の改善にはつながりません。「担任として、もっとできることはなかっただろうか」と、自分に厳しく振り返りましょう。

GOOD!

次に困らない方法を考えよう。

言い換えとして、まずは子どもに説明や助言、手助けをして困っている状況を改善します。そして、その直後に「次に困らない方法を考えよう」と提案します。今回の経験を振り返って、今後の展望としてのゴールイメージをもつようにします。

振り返りの場面のポイントは三つです。一番目に「どういう状況だった？」と現状の分析をします。二番目に「どう判断したの？」と判断基準を問います。三番目に「どういう行動をしたら、もっとうまくいくかな？」と改善案を問います。

振り返りでは鋭い意見が出ても、実際の場面では同じ失敗を繰り返すかもしれません。その時も焦らずに、「わかっているけれど行動できない時は、どんな工夫をすればよいだろうか？」と問います。**子どもが自身の弱さを受け止めて改善する意識を高めるように、辛抱強く対話を続けましょう。**すぐには結果が出なくても、子どもは徐々に成長します。

61

それは後でよいから言った通りにしなさい

教師が何らかの行動を指示したのに、子どもは聞いていなかったり、関心の赴くままに別なことをしたりすることがあります。それに対して「それは後でよいから」と注意して、「言った通りにしなさい」と指示することがあるかもしれません。

これらの言葉の問題点は二つあります。一つは、行動を細かく管理する問題です。優先順位を教師が決めることになり、子どもは受け身になります。受け身で反応の薄い子どもが増えると、学級経営が難しくなります。

もう一つは、担任のすることが増える問題です。全体へ指示して子どもの様子を観察し、逸脱した行動をしたら個別に注意と指示をするとします。管理に反発する子どもや、受け身で細かい指示を待つ子どもが増えると、個別対応が担任一人では限界を迎え、いずれ立ち行かなくなります。子どもが自ら判断する機会を保障しないと、自主性が育まれません。

GOOD!

先に何から手を付けようか？

優先順位を決めて行動するのが苦手な子どもに対しては、「先に何から手を付けようか？」と問います。実はずるい面のある問いです。「手を付けない」という選択肢を認めない前提だからです。行動の優先順位を「したい・したくない」の感情だけではなく、教室の状況を見て論理的に判断する第一歩にします。そのために、行動後は「どういう理由で○○を選んだの？」と判断の経緯を聞いたり、「先に○○を選んでうまくいった？」と感触を尋ねたりしましょう。**丁寧な振り返りで、行動を定着させて習慣化につなげます。**

子どもによっては「何を選べばよいのかわからない」と先に手を付けるべきことを判断できない場合があります。その時は「何のために、何から選ぶのか」を丁寧に確認します。ねらいと枠組みが見えれば、子どもは選択をしやすくなります。一定の枠組みの中で、ゴールに向かう選択肢を考えるように促しましょう。

62 できるんなら最初からしなさい

例えば、担任が教室で全体へ話をしている時に、私語をして聞いていない子どもに対して、注意すれば静かになります。その様子を見て、「できるんなら最初からしなさい」と言ってしまうことがあるかもしれません。苛立ちや皮肉が込められた表現です。

このように、指導を終えた後に追い打ちをかけると、子どもは反論できませんが、「わざわざそんなこと言わなくても」という気持ちが芽生えます。優位な立場から一方的に言葉を発するのはコミュニケーションとは言えません。教師の感情をぶつけているだけです。

また、「できるなら最初からする」という考えは、間違っています。他者に言われたらできるようになる段階と、状況を理解して自主的に行動する段階には差があります。ある行動をたまにしかできない段階と、だいたいできる段階と、いつもできる段階にも差があります。それらをひとくくりにして指導すると、子どもは成長を実感できなくなります。

GOOD!

次は自分でできるか挑戦してみよう。

「最初からしなさい」の言い換えとして「次は自分でできるか挑戦してみよう」と次の行動に言及します。子どもが過去ではなく未来に視線を向けるようにします。それでも、同じ失敗を繰り返すかもしれません。安全や安心を脅かすことでなければ、失敗しても構いません。そして、成長が見られた時は「試したらうまくいったね」と評価しましょう。**成長のために、遠回りに見えても粘り強く接する**ことで、子どもは少しずつ変わります。

もちろん、指導する機会を減らす方法を考えることも大切です。説明時に私語をする例であれば、教室を落ち着いた雰囲気にしてから説明したり、言葉だけではなく文字や図の情報を示すなど説明の仕方を工夫したりすることで、子どもの集中力は高まります。学校は失敗から学ぶ場ですが、必要な失敗かどうかは精査しましょう。教師の工夫で防げる失敗はたくさんあります。

63

空気を読みなさい

子どもに対して「空気を読みなさい」と注意する場合、空気を読むのが重要であり、その子は空気を読んでいないことを意味します。「空気を読めない」とレッテルを貼られた子どもは傷付きます。その子の学級での立場が苦しくなりかねません。また、他の子どもにとっても、「空気を読まないと」と、他者の顔色をうかがう行動が助長されます。

空気を読むという表現の問題は、具体性に欠けることです。場に応じた行動をする意味合いですが、その場で求められる行動があいまいなままです。他の場面では状況を理解して行動できても、初めて遭遇した事態だと望ましい立ち回りができないことがあります。子どもの経験を考慮せずに「空気を読めない」と断じるのは、乱暴です。

ただでさえ、学校は同調圧力が働きやすい場です。担任の配慮に欠けた発言で子どもが教室に居づらくなるのはあってはいけないことです。

GOOD!

息を合わせよう。

何でもかんでも足並みをそろえればよいわけではありません。学級が特定の子どもに振り回されて、他の子どもが便乗するなど、合わせるべきではない「空気」はあります。

大事なのは、協力すべき場面で呼吸を合わせることです。その時は「息を合わせよう」と呼びかけます。担任ではなく、リーダーの子どもが言えると、さらによいでしょう。もし「息を合わせるって、どういうこと?」と困る子どもがいたら、担任が「誰と、どこで、どんな風にすると息を合わせたことになるかな?」と具体的なイメージを膨らませるようにします。そうすると、子どもたちは**仲間と協力をすることが感覚的に理解できます。**

学級づくりで大事なのは、空気を読むことではありません。むしろ、空気を換えて学級を変化させることです。仲間との関係で大切なのは、同調ではありません。ゴールに向けて合意を図って協調しながら、子どもたち一人一人の持ち味を発揮することです。

64 前からずっと言おうと思って我慢していたけど

担任として、子どもが指導すべきかどうか迷う行為を見続けて、限度を超えたと判断した時に使う表現です。しかし、子どもにとっては「指導を我慢する」という感覚は理解しづらいでしょう。行為を止めさせたり注意したりする基準は一定のはずなので「なら、どうして最初から言ってくれなかったの？」と子どもは疑問に感じるかもしれません。指導に一貫性がないと、指導した以外の子どもを含めて、担任への不信感が広がりかねません。

この「前からずっと言おうと思って…」は、子どものよさを承認する時には効果があります。立派な姿が何度も見られた時や、粘り強い行動を継続している時には、タイミングを見計らう意味があります。しかし、改善を望む行動に対しては、子ども自身が問題と認識せず、「先生の言うことがころころ変わる」と教師批判に転じる場合があるため、避けるべきです。

子どもへの指導のタイミングを逸していた事実は変えられません。しかし、それを弁解しても子どもは納得できません。**真摯な姿勢**で、次の三つのステップを踏んで指導します。

①指導に迷ったことを正直に伝える
②厳しい指摘になることを伝え、心の準備を促す（興奮するようなら時間を置く）
③改善してほしい内容を具体的に伝える

最初に、迷った結果として指導の基準が一貫しないことを詫びます。次に、子どもが指摘を受け止める準備をするように伝えることで、改善すべき課題があると子どもが気付くようにします。そして、「これはいけない。なぜなら…」と具体的な指導事項を伝えます。

GOOD!

もっと早く話すべきだったのに、ごめんなさい。厳しいことを言うよ。それは…

65

学級経営

○○さんを見てみよう。できているでしょう？

手本となる行動をしている子どもを指して、他の子どもたちにも行動を伝播させようとした時に言いがちです。学級の子どもたちの間に、他者のよさを認め合える関係性があれば、全く問題ありません。しかし、そうではない場合は、次の二つの問題につながります。

一つは、比較されることで子どもが劣等感をもつことです。子どもから模範となる子どものことを言い出さない限りは、他者と比べる言い方は避けましょう。

もう一つは、名前を出された子どもにとっての問題です。皆の前でほめられることを嫌がる子どもがいます。また、子どもたちの関係が悪いと、「あいつは優等生ぶって」などと陰口を叩かれる原因になります。よかれと思って伝えたことが別の問題を引き起こします。手本となる行動を全体に広めたい時は、名前を出さずに「～をしてくれた人がいました」と紹介して、該当する子どもには個別に行動を承認する方法を考えましょう。

GOOD!

あなたのできることを増やそう。この場面では…

他者と比較をせずに、子どもの成長を期待して声をかけます。ポイントは三つあります。

一つ目は、**言いづらいことを伝えられる関係性**をつくることです。たくさん認めて信頼関係を築かないと、厳しい指摘を子どもは前向きには受け止めません。

二つ目は、前提として子どもと教師の**認識を一致させる**ことです。ある行動について、教師から見ればできていないけれど、子ども自身は「できている」と思っていることがあります。逆に、自分に厳しい子どもだと、できていることを「まだまだ」と本気で考えることもあります。その溝の違いに気付くように、事実に基づいて教師の評価を伝えます。

三つ目は、**できていないことをはっきりと、具体的に伝える**ことです。その際には、話の途中で「○○さん、あなたには～というよい所もあるけれど」と変にフォローするのは避けます。話の流れがずれて長くなります。期待する姿を前向きに、丁寧に伝えましょう。

66 へ～、すごいね

言葉は一文字違うだけで大きく印象が変わることがあります。教師が子どもに向けた言葉は、なおさらです。「すごいね」とほめる場面で、「へ～」という言葉を付けるだけで、距離感が出てしまいます。「お～」や「わ～」とは、印象が変わります。子どもからすると、教師があまり興味をもたずに、取ってつけたようなほめ方に感じるかもしれません。また、「すごいね」だけだと、具体性に欠けます。何がどのようにすごいのかわからないので、うわべだけのほめ言葉に聞こえます。

少しの表現の違いで印象が変わるのは、「は」も同じです。例えば、「そこがすごい」ではなく、「そこはすごい」と言うと、言われた子どもは「…他の部分はすごくないってこと？」と皮肉が込められていると感じるおそれがあります。賞賛のつもりで伝えた言葉が、子どもを疑心暗鬼にさせます。

GOOD!

お〜、すごい。〇〇なところが！

言い換えとして、まず「へ〜」に変えて「お〜」と言い、感心する気持ちが伝わるようにします。驚いた気持ちを込めるなら「おーっ！」と強めた言い方をしましょう。さらに、すごさを感じた部分を付け足します。的確なタイミングで最適な言葉をかけます。**ほめる時の子どもとの距離感を考えて、心理的な距離を詰めるかどうか判断します。**

ただし、ほめすぎると、子どもは望ましい行動を誘導されているように感じることがあります。その時は事実だけを伝えます。「〇〇さん、誰に言われるでもなく、教室に床に落ちていたごみをさっと拾っていたね」など、教師が発見した事実を伝えます。賞賛の気持ちを抑えて**承認する**ことで、子どもは自信をもてるようになります。

もちろん、同じ言葉であっても、言う人によって印象は変わります。子どもを大切にする姿勢を普段から行動で見せることで、賞賛や承認の気持ちが子どもへ伝わります。

67 まるで小学生みたい

中学生に対して「小学生みたい」と言ったり、小学生相手に「幼稚園児みたい」や「赤ちゃんみたい」と言ったりするなど、子どもを馬鹿にした言い方は許されません。言われた子どもは、人格を否定されているように感じます。教師が理解できない言動などを見て「宇宙人みたい」と言うのも同じです。子どもへの敬愛がありません。

子どもを心から大切にする意識が低いと、子どもの未熟な部分を感じ取って、そのような言葉を使ってしまいます。しかし、皮肉交じりに指摘しても成長にはつながりません。そもそも、欠点は目につきやすいものです。子どもの姿を丁寧に見て、簡単には見つからないよさを発見するのが、担任の役割です。また、幼稚な部分が気になるとしたら、成長を導いていない教師の課題です。自分だけではなく、仲間の様子をお互いが気にかけて助け合う関係性をつくり、成長に向けて目標を設定し、達成に向けた活動を計画しましょう。

GOOD!

できるようになってほしいことがあって、それは…

「まるで小学生みたい」と言う表現の背景として、「中学生として期待する姿に至っていない」という認識があります。そこで、まずは「できるようになってほしいことがあって」と切り出します。続けて、子どもの足りていない面を具体的なエピソードを基にして説明します。「このままではまずい」と、子どもが自覚するように「このままだとどうなってしまうか」そして「変わるとどうなるか」について考えます。そして、**状況を打破するには変化が必要である**という認識を、子どもと担任の間で一致させましょう。

教師が子どもに対して「できていなくて困る」と嘆いて「できることを増やしてほしい」と期待しても、子ども自身が「今のままで十分」と考えている場合があります。その時は、**「十分と感じることを増やそう」**と声をかけます。例えば、学習面では十分だと考える子どもには、学級での自治的活動でも満足する方法を問い、手立てを他の子どもと考えます。

68

学級経営

周りの目を気にしたことある？

問いグセと皮肉グセが混ざった言葉です。疑問形でも、子どもは答えに詰まります。教師の側からすれば、「周りの目を気にしていないよね」という意味でたずねています。傍若無人な振る舞いや協調性に欠ける行動を批判する意図があると考えられます。

問題は二つあります。一つ目に、周りの目を気にするべきだとしたら、周囲の状況を把握するための方法を伝える必要があります。また、周りの目を気にした後の行動も示すべきです。しかし、皮肉を込めてしまうと、子どもは話を受け止める姿勢が弱くなります。「周りの目を気にしてなんかいられない」と開き直る場合もあります。

二つ目に、周りの目が正しいという前提の指導であることです。出る杭を打つような雰囲気や、人の欠点をあげつらう発言が目立つ状況かもしれません。他の子どもを含めた学級全体を改善する意識をもたないと、人の顔色をうかがう子どもばかりになります。

GOOD!

今の場面を上から写真に撮ったら、どう見えるかな？

言い換えとして、子どもが状況を俯瞰する手助けをします。そうすると、自分自身に加えて学級の課題が見えています。「今の場面を上から写真に撮ったら、どう見えるかな」や、「今の○○さんや教室を小説にしたら、どんな説明文になりそうかな」と問います。このように、**たとえを含めた表現でたずねると、子どもは想像を膨らませやすくなります。**

たとえがピンとこない場合は、「今の○○さんの行動を、家に帰って思い出したら、どう評価するかな？」と未来の自分の姿をイメージする方法や、「今の場面で、私ならどう行動すると思う？」と他者の視点をたずねたりしましょう。

子どもが見えている世界は意外と狭いものです。特に、自分を写す鏡は曇っていることがあります。自分や他者を評価する物差しが一つしかないこともあります。子ども自身や学級の課題を自覚できるように、視野や視座、視点を変える問いかけを工夫しましょう。

69 前のクラスでは…

教師が前に担任した学級と比べて、「前のクラスでは〜だったけど」と話すのは避けましょう。例えるなら、別れたパートナーの思い出話をするようなものです。過去は美化されがちです。公平な視点での比較にはなりません。また、今の学級の子どもたちは、過去の学級を知りません。結論ありきで比較されれば、自信を失ったり、逆に反発したりするでしょう。

上の学年や隣の学級との比較も同じです。子どもは「先生は他のクラスのことばかり話題にして、このクラスのことが嫌なのだろうか」と感じるかもしれません。

忘れてはいけないのは、子どもも保護者も今の担任を過去の担任と比べていることです。教師による学級の比較は、子どもや保護者による担任の比較を助長します。子どもたちに「○○先生の方がよかった」という気持ちが強まると、学級経営は難しくなります。

GOOD!

このクラスのよさを出そう。

他の学級と比べる言葉に代えて、今の学級のよさを伸ばすことを促します。ただし、「学級のよさ」という言葉は便利ですが、幅広い内容を指します。学級目標や子どもたちの願いと関連付けて、**伸ばしたい学級のよさを絞る**ようにします。

次に「学級のよさを伸ばすには、どのような方法があるだろうか?」と具体的な取組を考えます。この時に、実は他の学級との比較が役立ちます。ただし、教師からは切り出さないようにします。子どもから「先生、前の学級ではどんなことをしましたか?」や「去年のクラスは~をして、盛り上がった」など、**他の学級の様子を知りたいという要望が出たら、情報提供をします**。比較ではなく、方法をまねる対象として他の学級を活用します。

担任する学級のことを本気で考えていれば、他の学級と比較することはなくなります。過去を美化し、隣をうらやましがらず、目の前の子どもたちに最善を尽くしましょう。

生徒指導

学級経営

授業

70

どうせみんなだったら

「どうせ」という言葉は、決めつけグセの中でも教師が口にしたら相当な悪影響が出ます。子どもは、しばしば「どうせ」を使います。「どうせがんばったって」「どうせぼくなんて」などです。自信がなく、結果を決めつけて、挑戦することを避けています。

教師が子どもに対して「どうせ」を使えば、挑戦するだけ無駄だと言っているのに等しくなります。教師があきらめたら、学級の成長は見込めません。そもそも、学級の子どもたちの成長を促し、集団として力を合わせるように導くのは教師の責務です。子どものせいにしてはいけません。

ひょっとすると、子どもたちが発奮することを期待して「どうせみんなだったら」と口にする場合があるかもしれません。言葉の裏に意図を込めたつもりでも、子どもにはなかなか伝わりません。期待をしているのなら、遠回しではなく、はっきり伝えるべきです。

GOOD!

みんなは、みんなが思っているよりできるよ。私にはわかる。なぜかというと…

学級の子どもたちが自信をもてず、担任としても「うちのクラスは大丈夫だろうか…」と不安に思っている時こそ、元気の出る言葉をかけるべきです。「どうせ…」とあきらめるのではなく、「みんなが思っているよりできるよ」と伝えましょう。

「できるよ」だけでは、子どもは自信をもてません。そこで、**担任として一番近くで見ているからわかる学級のよさ**を伝えます。「私にはわかる」と言い切り、理由を述べます。

学級が落ち着かない時こそ、よさを伝えます。もし、よさを伝えると「嘘くさい」と思われそうなら、成長の芽を見つけて伝えます。例えば「みなさんの中には、クラスの課題を言ってくれる人が何人もいます。成長を願って厳しいことを言えるクラスは、必ず伸びます」など前向きになる言葉をかけましょう。そして、課題を乗り越える方法を、子どもたちが議論して考えます。課題を見つけて議論するだけで、学級は成長します。

生徒指導

学級経営

授業

授業
のログセ変換

71 自由にして構わないよ

子ども主体の学習がもてはやされています。子どもの自由度を高める方向性に、私は大いに賛同し、「フィールドワーク型の学び」を提唱しています。詳しくは明治図書出版の『川端裕介の中学校社会科授業』シリーズを参照してください。

ただし、授業の中で子どもが自由に学ぶのは、実践してみるとかなり難しいことです。その一つの象徴になる言葉が「自由にして構わないよ」という教師の口グセです。子どもたちに自由があるなら、「自由にして構わない」という教師の発言は必要ありません。教師から見て子どもたちに活発な動きがないために、動かそうと考えた時に口をついて出ます。したがって、この場合は教師が許可して管理する**制限付きの自由**であると言えます。

法に基づいた学校教育の枠組みがある以上、完全な自由は実現できません。しかし、子ども主体の学びを目指すなら、枠組みの中で自由を最大限に引き出す工夫が求められます。

GOOD!

もっと自由に学ぶには何が足りないかな？

私は「自由にしてＯＫ」と言わざるを得ない状況になったら、自由を目指す教師の失敗だと考えます。子どもたちが牽制や遠慮をしながら教師の指示を待っているからです。失敗を認めて改善するには、子どもの声が必要です。そこで、授業を一旦止めるか、振り返りの時間を使って「もっと自由に学ぶには何が足りないかな？」と問います。子どもからは「自由と言われてもどうしてよいかわからない」とか「自由にしてよいタイミングが知りたい」とか、様々な角度から意見が出ます。それらの意見を反映して、自由に学びやすい学習のスタイルを模索します。注文住宅のように、対話しながらつくり上げます。

私の場合、特に地理では自由度が高く、学習目標や評価基準は固定しつつ、使う資料や学習形態は自由にしています。最初と最後の五分ずつで一斉に進捗状況を確認しますが、残りの四十分は各自で自由に学んでいます。自由の中で議論や助け合いが見られます。

72 できた人はまだできていない人を助けよう

授業で学ぶスピードは子どもによって大きく変わります。課題を終えた子どもが物足りなさを感じないように、「できた人はできていない人を助けよう」と呼びかける場面を目にしたことがあります。何も指示をしないことに比べれば、有意義な言葉がけです。しかし、次のような問題をはらんでいます。

一つは、子どもの間に優劣がつけられる恐れがあることです。よかれと思って手助けした結果、教えられる子どもが自信をなくしたり、できる子どもに甘えたりすることがあります。時間をかければ自力で解けるかもしれない場合も、早くできた子どもが教えに来ると、成長の芽が摘まれます。

もう一つは、できた子どもは「教える」という仕事を押し付けられたと感じる可能性です。教師が特定の行動を指示すると、面倒くさいと思う子どもが出てきます。

言い換えとして、「挑戦・手助け・定着」の三つを示します。挑戦は発展的な課題、手助けは困っている子どもの支援、定着は適用問題への取組です。一つの方法を教師が指示するのではなく、**複数の選択肢を提示して子どもが判断する**形にします。

子どもが選択に慣れてきたら、選択肢を増やしたり、「その他」を用意して子どもに任せたりします。最初から何でもありにすると、子どもは戸惑います。他者に合わせるなど、楽な方に流れることもあります。自己決定の幅は、徐々に広げます。

また、手助けの際には、助ける相手から同意を得ることを条件にします。自力でがんばりたい子どもを尊重するためです。逆に、手助けを求めることも認めます。一人でも多くの子どもが学習目標に到達するために、時間と仲間を有効に使える仕組みをつくりましょう。教師が一人で知識を伝達する授業ではなく、子どもの力を引き出して学ぶ場にします。

GOOD!

できた後の選択肢は三つあります。挑戦、手助け、定着です。

73

一人でできないの？　ズルをしてはだめだよ

授業中に、すぐ周りに解き方を聞く子どもがいます。なかには答えを聞く子もいます。また、ある子どもが自分の考えを一切書かずに、他の子どもの意見を丸写しする場面も、時折目にします。そのような子に対して、教師が「一人でできないの？」と声をかけるとしたら、その裏には「一人でやってほしい」という願いや「このくらい、一人でできるだろう」という決めつけがあります。

そうではなく、「なぜ、この子は自力で解決してほしい場面で、他者に頼るのだろうか？」「なぜ、どのような意見を書いても認められる場面で、この子は何も意見を書かないのだろうか？」と、子どもの理解に努めるべきです。もしくは、学習展開や授業のスタイルに原因がないか、授業改善の視点をもって検証すべきです。

ましてや、他者を頼るのはズルではありません。その一言で協力しづらくなります。

言い換えとして、**仲間を頼ることの大切さを認めつつ、仲間を頼る場面や内容をよく考えるように促します。**「頼り方を工夫しよう」と呼びかけます。

多くの子どもは、工夫と言われてもピンときません。そこで、「よくない頼り方」をまずは尋ねます。子どもたちからは「カンニング」「答えだけ聞く」「自分で何も考えない」「丸写しする」などの意見が出ます。

次に、これらの意見の逆を考えます。「自分勝手に頼らない」「考え方を聞く」「まずは自分で考える」「自分の考えと他の人の考えを組み合わせる」など、よい頼り方が具体化されます。そして、学級の中でイメージが共有されます。このように、**逆のケースを考える**という思考方法は、様々な場面で有効です。子どもたちが授業を通して仲間を上手に頼る方法を磨くことができるように、学習内容だけではなく学習方法を大事にしましょう。

GOOD!

仲間として力を借りること、大切だね。仲間の頼り方を工夫しよう。

74

授業

この問題わかる人？

「この問題わかる人？」は、一斉学習でよく聞く言葉です。問題はなさそうに感じる表現ですが、実は授業の雰囲気に大きな影響を与えます。この問いに反応する子どもは限定されるからです。

学級のほぼすべての子どもがわかることなら、このような聞き方はしません。「この問題ができた人は？」と問うはずです。「この問題わかる人？」と問い続けると、反応する子どもが固定化します。学習はだんだんとわかる子どもが増えるはずなのに、特定の子どもばかりが手を挙げることが当たり前になってしまいます。

一方で他の多くの子どもは、教師に問われても「○○に任せておけば答えるだろう」と他人事のように捉えます。学習に対して受け身な姿勢が強くなります。仮にわかる問題であっても、発言を躊躇する場合もあります。

GOOD!

この問題、どんな情報が手に入れば解けるかな？まずはペアで確認しよう。

言い換えとして、問題自体ではなく、「何がわかれば解けそうかな？」や「どんな情報が手に入れば解けるかな？」と**問題を解くためのポイントを尋ねます。**子どもたちは問題を分析し、解決への見通しをもつことができます。

さらに、**学習形態を工夫**します。一斉学習だと、多くの子どもに向けて発言する必要があり、発言のハードルが高くなります。そこで、自分の考えたことをペアで確認します。「隣の人に『どう思う？』と質問しよう」という指示を出します。問いからペア活動に入ると、意見の交流が円滑になります。ペアのやり取りの後に、全体での意見交流は一人ではなくペアで答えてもらいます。躊躇する子どもには、鋭い意見を出しているペアを指名し、教師が発言を促します。教師は、ペアの活動中に子どもたちがどんな表情でどんな意見を出しているか、注意深く見守ります。

75 そういう考えもあるけど

授業中に、子どもの意見が教師の期待する内容と異なる場合、教師としてどのような反応を取るでしょうか。否定してはいけないのは当然です。しかし、肯定すると授業の流れが変わることを心配して「そういう考えもあるけど…」と、その意見を軽く扱うことはないでしょうか。語尾の「けど」に、否定的な意味合いと教師の困惑が表れます。

教師の反応を見て、発言した子は「あれ？　思っていたのと違うことを言ったかな」と感じ、他の子どもは「あ〜、これは正解じゃないのか」と察します。その結果、教師の期待する言葉を探る子どもが増えてしまいます。そうすると、授業は想定通りに進んでも、子どもたちが多様な考えを生かして学ぶのは難しくなります。

迷いや困惑などの感情が言葉に出るのは誠実な証拠と言えますが、子どもは教師の感情を言葉の端々や表情から敏感につかみます。時には、ポーカーフェイスも必要です。

そもそも、授業づくりでは想定外の事態をなくすくらい、様々な意見を想定する必要があります。それでも想定外の意見が出た時は、教師の考えを超えた視点として前向きに捉えましょう。面白がる意識が大切です。ただし、想定外の事態に対して感情をコントロールしつつ、次の学習展開を考えるために、**沈黙を意図的に使って間を取ります。**具体的には、子どもの意見にすぐに言葉で反応しません。しかし、目を見開いて驚いた表情をしたり、うなずいたりするなど、**言葉以外の反応は見せます。**ここで険しい顔で黙っていると、「何かまずいことを言ったのでは」と子どもが心配になります。

一瞬（2〜3秒）の沈黙の後に、「面白い」などと評価し、考えに至った視点や活用した資料を問います。発言した子どもが言語化できない場合は、他の子どもに「○○さんはどこに注目したのか、説明できる人はいる？」と問うと、見方・考え方が鍛えられます。

GOOD!

…面白い発想だね。どうやって考えついたのか、教えてくれる？

76 どういう意味？

子どもは思考した内容を正確に伝えられるわけではありません。なかには、思いついたことを整理しきれずに話すこともあります。授業中のそういった発言に対して、教師が「どういう意味？」と聞き返すのは、悪気はなくても悪影響になります。

なぜなら、「今の発言は、教師でも意味がわからない」と言っているようなものだからです。ピントのずれた発言になり、教室の中で冷笑されるおそれがあります。もちろん、教師が皮肉を込めて「どういう意味？」と言うのはいじめであり、あってはなりません。

授業技術として、子どもの発言に対して教師がわからないふりや勘が鈍いふりをして、さらなる発言を引き出す方法があります。「どういう意味？」も、明るいトーンで肯定的な意味で使えば、問題にはなりません。ただし、言葉を字面の通り捉える子どものことを考慮しないと、悪気はなくても思わぬ失敗につながることがあります。

GOOD!

お〜。もうちょっと詳しく説明できる？

「どういう意味？」の言い換えとして「もうちょっと詳しく説明できる？」と問い返します。子どもがネガティブに捉える可能性を極力減らすねらいがあります。

また、最初に「お〜」と感嘆詞を入れて反応すると、授業の流れの中でポイントになる発言かもしれないことが、子どもたちに伝わりやすくなります。詳しく説明を求めるのは、説明不足だからではなく、重要だからだという認識が教室に広がると、冷笑される心配はなくなります。**誤解を招かないように、慎重に言葉を選ぶ**ことが大切です。

発言した子どもは、うまく説明できないことがよくあります。言い換えた結果、当初の内容と変わる場合もあります。それに対しては「○○さんは、今はそう考えているってことか！」と、過去の発言との整合性を責めるのではなく、現在の考えを確認します。そして、「○○さんの意見を聞いて、どう考えたかな？」と全体に投げかけて学習を進めます。

生徒指導
学級経営
授業

授業

77 何か質問は？

学習内容や活動について説明をし終わってから、口グセののように「何か質問は？」と言ってしまうことがないでしょうか。または、説明の最中に子どもの表情を見て不安を感じて、「ここまでで質問は？」と突然言うこともあるかもしれません。

全体に呼びかけても、多くの場合で質問は出ません。その結果、「こういう場面だと、質問しづらいよね。もし質問があったら、後で聞いてね」と補足説明をすることが多いと思います。「質問は？」と言いながら、実態としては「質問はないでしょ？」という念押しになりがちです。

なかには、積極的に質問をする子どもがいます。しかし、その子が「空気を読まない人」と他の子どもから思われてしまう場合もあります。それは子どもたちのせいではありません。形式的に質問を聞き、内心は質問が出ない方を期待する、教師の責任です。

本当に質問の有無を確認したいなら、全体に呼びかけるのは止めましょう。質問をするにはハードルが高いです。質問をしやすい学習形態を取り入れます。

具体的には「この問題の説明を、隣の人にしましょう。じゃんけんで勝った人が負けた人へ説明します」と指示して、ペアで相手へ説明をします。わからないことではなく、わかったことを伝える活動にします。説明者の子どもは、説明後に「付け足しか質問をしてください」と相手に求めます。そこで、解決しない質問や、わからないままのことがあったら、教師へ伝えます。

このような手順を踏むよさは、質問が出やすくなるだけではありません。教師の説明を聞く時の集中力が上がります。次のペア活動を意識して聞くからです。このように、同じ内容でも**仕組みを整えることで、子どもの学習への参加の度合いが変わります。**


GOOD!

この問題の説明を、隣の人にしましょう。

授業

78

いつになったら忘れ物がなくなるだろう

忘れ物を繰り返す子どもに対して、ため息交じりに「いつになったらなくなるだろう」と言ったとします。子どもは「二度と忘れません」と言うのが精一杯かもしれません。そうすると、次に忘れたら「約束したのに！」と教師から叱責を受ける羽目になります。教師の苛立ちを伝えるだけの言葉になり、子どもが忘れ物を減らすことにはつながりません。

授業中の忘れ物については、学習用具と宿題の二つがあります。学習用具については、持ち物を確認する方法や時間を工夫すると、忘れる確率を下げることができます。学習用端末を使ってリマインド機能を取り入れるのも有効です。

宿題を忘れることが多い子どもについては、内容と学力のずれや家庭学習の習慣化ができていない可能性があります。いずれにせよ、忘れるという結果の前に、教師としてできる支援を考えて行動に移すべきです。

GOOD!

まず、報告ができたね。物は忘れても仕方ない。忘れた理由は説明できる？

忘れ物をして困っているのは、教師ではなく子どもであることを忘れてはいけません。**子どもの成長を応援する**姿勢を貫きましょう。言い換えとして、まず、忘れた報告をしたのは、手順として的確だと認めます。次に、忘れること自体はやむを得ない面があると伝えます。そして、忘れ物をする原因を分析するように促します。時間がない時は、原因の分析は授業後にして、貸出などの忘れ物の対応を先にします。

忘れ物をする子どもは、理由をうまく説明できないことがあります。困って沈黙が続くこともあります。その時は「忘れ物をしなかった時と、忘れ物をしてしまった時で、行動の違いはある？」など、できていた場合を思い出すように促します。宿題も学習用具も、毎回必ず忘れる子どもはほとんどいません。できていたことに目を向けると、行動を改善して継続するポイントが見えてきます。

79

授業

なんでできないの？ 見ればわかるでしょ

授業で子どもが学習活動をできないことに対する問いグセですが、教師の苛立ちが言葉に表れています。「できて当然である」という思いが「なんでできないの？ 見ればわかるでしょ」という言い方になっています。できない原因を知りたいのも、見るだけではわからなくて困っているのも、子どもです。教師の責任を子どもになすりつける発言は、あってはいけません。

類似して「そこに書いてあるでしょ」と教科書やワークシートを指すのも同じです。読解力に課題があったり、全体に向けた説明を聞くのが苦手だったりすると、書いてあることを見つけるのに苦労します。

教師が苛立って突き放す言葉を使う背景には、授業がうまくいっていない焦りがあるかもしれません。子どもに感情をぶつける前に、自身の内面と向き合うことが大切です。

できないことを責めるのではなく、できるようになる手立てを実行します。そこで、できていない子どもに対して「ほら、○○さん、できているみたいなんだ。どんな技を使ったのかな?」と声をかけます。子どもが教室を自由に歩き回ることができるなら、できていない子どもが、できている子どもへ直接質問に行くように促します。個別で聞きに行くのを避けたいなら、できている子どもに対して教師がコツやヒントを全体に紹介するようにお願いします。

また、教科書や資料の特定の箇所にヒントがある場合は、そこを示して「解くための鍵をここから探そう」と指示します。具体的な指示までは必要ないと判断した時は、「何がわかれば、この問題は解けるかな?」と問い、子どもが答えたら「その情報はどこにあるかな?」と問い返します。**思考の材料やヒントの探し方**を習得するための声かけをします。

GOOD!

できた人は、どんな技を使ったのかな? 解くための鍵をここから探そう。

80 やる気を出しなさい

やる気を出せと言われてやる気になるなら、誰も苦労しません。むしろ、やる気は下がることの方が多いと思います。授業での子どものやる気は千差万別です。最初から意欲的な子どもがいるのは、授業者として助かります。それでは、やる気のない子については、その原因は誰にあるのでしょうか。やる気を失う環境や、やる気を失う関係性が原因かもしれません。そうであれば、子どもを叱っても改善にはつながりません。

そもそも、やる気を出してから学習するのか、それともやる気が出なくても学習するのか、どちらが実践的か考える必要があります。教師としては、子どものやる気を高める工夫をしつつ、やる気がなくても活動に巻き込むという二段構えが効果的だと考えます。活動している内に、だんだんと意欲が増して、やがて夢中になることがあるからです。試してみないとわからない魅力があります。

長期的には、子どもが励まし合って意欲を高める学級をつくることが大切です。しかし、授業中に明らかにやる気を欠く子どもがいる場合は、即時的な対応が必要です。そこで、「やる気」という心の問題を指摘するのではなく、具体的な行動の改善を求めます。

まず、目と耳の使い方として、目には力を入れ、耳は澄ますように指示します。どちらも抽象度が高く、子どもの解釈によって行動が変わります。その方が、周りの子どもの様子を確認する動きが出てきて、ぼーっとしていた子どもの集中力が高まります。

さらに、呼吸を合わせるように求めます。そうすると、息をひそめて話し手や周りに合わせる意識が高まります。最初に比べると、教室がよい意味で緊張感を帯びた雰囲気になります。そして、重苦しくしないように、子どもがわくわくするような発問や教材提示を行います。このように、**体の使い方に意識を向ける指示で、よどんだ空気を入れ換えます。**

GOOD!

目に力を入れよう。耳を澄まそう。…よし、次は呼吸を合わせよう。

81 今話したことわかる？…わからないんだったらしゃべらないで

一斉学習で教師や子どもが全体へ向けて発言している時に、私語が気になることがあります。特に、子どもの発言が別の子どもの私語で妨げられるのは、子ども同士の関係性を悪くします。そこで、怒りを込めて「今○○さんが話したことわかる？」と詰問し、黙っていたり「わかりません」と答えたりしたら、続けて「わからないんだったらしゃべらないで！」と指導することがあります。

指導が必要な場面ではありますが、この指導は論理的ではありません。子どもは、わからないから私語をします。わからないのは学習内容だけではなく、静かに聞く意味も含みます。対応としては、静かにさせることだけではなく、静かに聞く意味を理解してもらう必要があります。教室で集中して話を聞く場面で私語がある時点で、教師の対応は後手に回ります。そこで焦りや怒りの感情を出すと、状況は好転しません。

GOOD!

ストップ。質問や付け足しなら、話し終わるまで待とう。

言い換えとして、まず静かな状況をつくるために、子どもの私語を止めます。続けて「質問や付け足しなら、話し終わるまで待とう」と指導します。「なら」という表現にすることで、学習内容と関係ない私語なら、なおさら止めなければいけないことを言外に示します。私語を繰り返す子どもの場合は、授業後に個別に話を聞き、私語をする時の心境を尋ねて、仲間の意見や教師の説明を聞く意味を伝えます。

また、教師が「ストップ」と言えば、全体へ発言している子どもも止まります。そこで、私語をしていた子どもへの指示が終わった後には「〇〇さん、ごめんなさい。発言を続けてもらえる？」と伝えます。

他の**子どもの学習権を保障するために、妨げになる行為に対して毅然とした態度を示す**ことが大切です。それと同時に、がんばる子どもを尊重する意思が伝わるようにします。

生徒指導
学級経営
授業

82 何でちゃんと話し合わないの！

ペアやグループでの話し合いが進まない状況は様々です。沈黙の他、一方通行、堂々巡り、雑談、脱線などがあります。それぞれの状況に至る原因も様々です。そこで、教師が感情的になって「何でちゃんと話し合わないの！」と言えば、子どもたちは静かになって話し合いを進めようとします。しかし、原因を把握していないため充実した話し合いとはなりません。結局、それらしい答えを書いたり、特定の誰かの意見を採用したりします。そうすると、仲間と対話をする意味を見出せないので意欲が下がり、それ以降の話し合いは形だけの活動になります。

子ども同士の対話では、テーマ（何について）、ゴール（どこまで）、資料（何を使って）、表現方法（どんな形で）話し合うかを共有する必要があります。いきなり「話し合って」と子どもに投げても、対話は深まりません。

GOOD!

どういう話が出たかな？ ゴールは見えている？

発言自体のみならず、対話の流れや視点を大切にしましょう。

子ども同士の対話がはかどらない時は、対話の内容と方法の両方から原因を分析します。まずは「どういう話が出たかな？ ゴールは見えている？」と経過を確認します。わからない点やつまずいている点が出てきたら「どんな情報があれば解決できそう？」「感心することが多かった意見は、どんな内容？」と見通しを尋ねます。

また、他のグループの状況を紹介するのも効果的です。「○○さんの班は盛り上がっているね。どんな発言が続いたの？」と、対話の流れを他の子どもに広めたり、「どこに注目したら、そういう意見が出たの？」と、着目する視点を学級全体で共有したりします。

対話の時間は、子どもに任せることが多くなる分、教師の支援が不可欠です。子どもが「わいわいして楽しい」ではなく、「力を合わせてすごい意見を出せて楽しい」と実感できるようにします。

83

授業

今はおしゃべりする時間かな？

子ども同士の話し合いを行う場面で、内容がいつの間にか雑談になっていると、皮肉を込めて「今はおしゃべりの時間かな？」と言いたくなります。雑談になるのは、話し合う必要性を感じないのが原因です。提示された学習課題を早々とクリアしている場合や、最初からテーマについて話し合う気が無い場合もあります。

教師として、授業のテーマについて対話したくなる状況をつくることが大切です。しかし、どれだけ準備をして、子どもたちを育てても雑談を防ぐのは簡単ではありません。同一のテーマであれば、ペアやグループによって対話の進行状況や深みは変わります。

そこで、雑談の内容を生かす工夫をしましょう。主な方法としては「①脱線を学習内容につなげる」「②発想を学習課題の解決に生かす」「③新しい学習課題を作り直す」の三つがあります。次のページで、言い換えの例を含めて詳しく説明します。

言い換えとして、**雑談を生かす対話を模索します。**無茶振りに見えますが、子どもは面白がります。例えば、道徳の授業中に、雑談でゲームの話をした子どもがいたとします。その時に、前のページで紹介した①の方法なら「物語の登場人物の二人は、すれ違ったままだと、帰宅後にゲームで遊ぶ時に普段通りに楽しめそうかな？」と想像を促し、心情の理解につなげます。②なら「真の友情を築くためには、ゲームに例えると、どのくらいレベルアップが必要か？」と問い、友情の段階や条件について考えるように促します。③なら「ゲームでは簡単に協力できるのに、実際の教室では協力できずにケンカをするのはなぜだろうか？」と学習課題を変えます。子どもが実感を伴った思考をしやすくなります。

このように、雑談を否定するのではなく、うまく学習に生かせないか、発想を柔軟にしましょう。教師が率先して面白がる姿勢が大切です。

GOOD!

じゃあ、そのおしゃべりを生かしてテーマとつなげよう。

84 手を動かしなさい

授業で子どもの手が止まっている時、考えられることは二つあります。一つは、集中力が切れた場合です。もう一つは、逆に深く集中している場合です。どちらの状況か判断するには、普段から子どもの様子をよく観察する必要があります。深く集中している場合は、声をかけずに見守って、後で考えたことを確認します。

集中力が途切れている場合は、声を欠けます。その時に「手を動かしなさい」や「問題を解こう」と指示をすると、その直後は手を動かしたりノートを見たりする反応があっても、すぐに手は止まるはずです。手が止まっている原因が解消していないからです。子ども自身も、その原因を把握していないことがあります。困っていることを周りに知られたくないというプライドが邪魔をしていることもあります。原因に目を向けずに行動だけを変えようとすると、子どもの学習意欲はどんどん下がってしまいます。

GOOD!

引っかかっている所を教えて。

集中力が切れて手が止まっている子どもに対しては「引っかかっている所を教えて」と声をかけます。学習以外のことに気持ちが向いている場合は、活動に戻るきっかけができます。学習でのつまずきが手の止まる原因の場合は、つまずきの内容を明らかにします。子どもは「わかりません」と返答するかもしれません。面倒くさくてそう答えたわけではなく、どこがわからないのかわからないことがあります。その時は「何ができればゴールだっけ？」と目標を確認します。続けて「さっきまではどこに注目して考えた？」と、思考の経過を振り返るように促します。そうすると、子どもがつまずいた箇所を自覚できます。そして、「何がわかれば、解決できそうかな？」と見通しをもてるようにします。

頭の中だけでは、思考の流れは整理できません。**対話を通して言葉にすることで思考を可視化しましょう。**このやり取りをしていると、子どもの集中力は次第に高まります。

85 成績下がってもいいの？

学習に対して投げやりな態度の子どもがいて、我慢できずに成績をからめた指導をしてしまうことがあるかもしれません。授業を妨害する動きをしている時は、なおさらです。しかし、成績をちらつかせた指導をすると、次の二つの問題が生じます。

一つは、学ぶ魅力が捨てられることです。学校の授業はいつも楽しいわけではありません。苦しくて面倒くさいことはたくさんあります。そこで、教師が成績という外発的動機付けを高める発言をすると、子どもは学ぶことの面白さを余計に感じづらくなります。

もう一つは、子どもたちにとって、ある種の脅しになることです。「成績を下げられたくないなら、言うことを聞きなさい」と言われているように感じます。特に、学校での評価の仕組みが子どもや保護者と共有されていなければ、成績はブラックボックスです。子どもたちは、「先生に逆らうと成績に響く」と思い込み、学校の居心地は悪くなります。

GOOD!

よし、問題を一緒に解こう。

成績を引き合いにして指導する場合、その相手は教室の中でもかなり気になる子どもだと考えられます。何か手を打つ必要があります。具体的には、「よし、問題を一緒に解こう」や「それじゃあ、一緒に考えてみよう」と個別指導を行います。解けたりわかったりすれば、子どもは悪い気がしません。**無気力な子どもこそ、わかる喜びやできる楽しさに飢えている**ことがあります。あきらめずに粘り強くかかわりましょう。

子どもによっては、授業中に教師が手助けするのを嫌がることがあります。その時は、休み時間に呼びます。子どもはやる気のなさを注意されると思って、警戒することがあります。しかし、他の子どもの迷惑になっていなければ、態度に関する指導はしません。「○○さん、この問題できていなかったから、三分だけ特訓します」と補充の指導をします。たった一問でも、解けたという結果が意欲を高めるきっかけになります。

生徒指導
学級経営
授業

86

授業

本当に努力しているの？

子どもが口では「がんばっています」と言いながら、結果を出していない時に「本当に努力しているの？」と指摘したくなることがあるかもしれません。「本当はサボっているのではないか」という疑念だけではなく、「もっとできるはず」という期待があって、そのように言ってしまいます。

言われた子どもは「自分はがんばっているのに、先生は認めてくれない」と受け取る可能性があります。なぜなら、子どもの自己認識と教師の期待する姿が一致していないからです。子どもの自己肯定感が低い場合もあれば、逆に「自分はやればできるから、多少手を抜いても大丈夫」と思っている場合もあります。そのギャップを認識しないと話が噛み合いません。「努力」は主観的であいまいな言葉です。いつまでに何をどれだけすればよいのか、具体化して初めて努力の形が見えてきます。

GOOD!

簡単に考えよう。うまくできたら、続けよう。

前提として、教師には子どもの成長を疑わずにとことん付き合おうとする姿勢が大切です。「あなたはもっとできるはず」と妥協しない厳しさをもちます。子どもが「自分はできている」と感じている時は「発想力は十分に身に付いているけど、確実性がもう少しだね」など、客観的な学習の記録から現状を冷静に伝えます。

また、教師の期待が高いと、子どもは重圧に感じます。そこで、「簡単に考えよう」と話し、最初のハードルを下げます。子どもが到達できたら続けるように励まします。ハードルを下げた分だけ、ハードルの数を増やして力が確実につくようにします。努力の継続につながります。継続できるようになったら、少しずつ学習のレベルを上げていきます。その時も「慌てずに一段ずつ進むよ」と、がんばりすぎることを予防します。**目の前の子どもの成長に最適な負荷を見極めましょう。**力がつけば、子どもは自ら学び始めます。

生徒指導
学級経営
授業

87 眠い？ がんばろう！

授業中に子どもが居眠りをしている場面は、中学校だとしばしば目にします。わざと眠るというよりは、生活リズムが乱れていて睡眠不足の場合が多くあります。また、眠たそうにあくびをする子どももいます。その時に「眠いからがんばろう！」と起こして励ませば、一度は目を覚まします。しかし、しばらくするとまた眠りそうになると思います。

授業で眠たそうな時や居眠りをしている時は、まずは体調不良を疑います。服薬の影響で眠たい場合もあります。その上で、健康面の問題でない場合は、眠たくなる授業になっていないか、見直しを図るべきです。眠くなることが少ない授業にする方法を考えます。私の専門は社会科ですが、体育の活動中や技術の作業中に寝る子どもはいません。社会科でも、ペアやグループの話し合いで寝る子どもはほとんどいません。眠たくなるのを子どもだけのせいにせず、教師としてできることを考えましょう。

GOOD!

具合が悪い？ 大丈夫なら○○までがんばろう。

子どもが眠そうだったり居眠りしたりしている時は、まず声をかけます。健康面の問題がないか確認するために「具合が悪い？」と尋ねます。「大丈夫？」と聞く方法もありますが、そう聞くと反射的に「大丈夫です」と答える子どもがいるので、あまり勧めません。声をかけた後は、体を使った活動を取り入れたい所ですが、学習展開として難しい場合もあります。その場合は全体に向けて「よし。ちょっと眠気を覚ますために、一斉に体操をしますか！」と簡単なストレッチをするのも手です。体を動かすと気持ちも変わります。

そして、「この問題の計算を終えるまで」や「資料1からわかることを書くまで」など、活動のゴールを短く設定し直します。そこまで到達したら、次の目標までがんばるか、それとも少し休憩をするか、子どもの意向を確認します。**できたという達成感を味わうと、子どもの眠気は解消される**ことがあります。

生徒指導

学級経営

授業

88

授業

聞く前に自分で調べて

授業に限らず、自分で調べて判断してほしいことを、他の子どもに聞く子どもがいます。聞いてしまう背景として考えられるのは、間違えることへの不安や、他者への依存、楽をしたい思いなどです。いずれの場合も、学習に対する自信の無さが見え隠れします。また、根底には必要な知識・技能の不足や、学び方を習得できていない課題があります。

自信をもてずに他者を頼る子どもに対して、教師が「聞く前に自分で調べて」と注意して頼る術を断ってしまうと、子どもは途方に暮れます。行動を否定されて、自信をさらに失うかもしれず、効果的な声かけとは言えません。

子どもの行動の背景を理解するためには、想像力を働かせる必要があります。難しいのは、根拠なく想像すれば、教師の思い込みで決めつけてしまいかねないことです。子どもの言葉や表情から心情を察するために、教師としての目を鍛えましょう。

GOOD!

仲間の力を借りるのと、自分の力だけで挑戦するのと、今回はどちらを選ぶ？

学習方法を自分で調べることだけに限定せずに、選択肢を子どもに提示します。どちらを選んだ場合も、振り返りの機会をつくって「今回、この方法を選んでみて、どうだった？」と問います。振り返ることで学び方を客観的に分析する意識が育まれます。

また、選択肢のある状況だと、慣れた方法を続けて選びがちになります。そうすると、選択肢を設ける意味が薄まります。そこで、「別の方法を選んだ場合との違いは、どこにありそうかな？」と問います。**比較するとそれぞれの選択肢の利点が見えてくる**ので、状況に応じて学習方法を使い分けることができます。

なお、他者に依存する傾向が強い子どもに対しては「一人だと解決が難しそうな課題が出て、仲間が近くにいない時は、どうやって解決する？」と、自力解決が求められる場面を想定するように促します。問いを通して子どもの選択肢を広げましょう。

89 珍解答があって

テストの返却時などに、子どもの間違いを全体に言いたくなることがあるかもしれません。特に、思わず笑ってしまうような記述だと、誰の間違いかを伏せて「珍解答があって」と紹介して笑いをとる人を、かつて目にしたことがあります。これはいけません。

なぜなら、子どもなりに真剣に考えた結果をばかにすることになるからです。また、集中力が切れてうっかり間違える場合もあります。「失敗するとみんなにバラされる」というのは、子どもにとっては恐ろしいことです。名前を伏せていたとしても、「自分だってバレてしまう」と心配になります。

教師の軽はずみな言動で、失敗しづらい雰囲気がつくられます。「いじり」は許容されると考えてはいけません。他者の人格を尊重しない点で、いじりはいじめと何ら変わりません。授業を面白くしたいなら、子どもの失敗を利用せずに教師の腕でがんばりましょう。

GOOD!

うっかり間違いがあったから、気を付けよう。

子どもの失敗を面白おかしく教師が説明する必要はありません。内容を言わずに「うっかり間違いがあったけど、誰でも間違いはあるよね。悔しい思いをするから、気を付けよう」と注意喚起するだけで十分です。

子ども自身が、うっかりミスを周りに話すことがあるかもしれません。その場合は、周りの子どもたちも思わず笑ってしまうことでしょう。その時は、教師としてフォローをします。「狙って書いたわけではないよね。そういう間違いってあるよ。私も仕事で…」など、教師が自身の失敗談を意図的にかぶせて話すことで、ばかにする雰囲気はなくなります。逆に、**人間誰しも失敗をするのだから、からかうことなく共感することが大切**だというメッセージを明確に伝えます。その積み重ねで、授業を通して学級の心理的安全性が高まります。テストは正解・不正解が明確である分、不正解への対応は慎重に行いましょう。

90 ここ大事！ テストに出るからね

学習塾の先生ならともかく、学校の教員としては控えたい口グセです。重要語句やキーワードを確実に覚えてほしいのに、子どもが集中していないと不安を感じた時に、思わず口にしてしまうかもしれません。または、テストで点数を取ってほしいと願って言う場合もあると思います。この言葉は、二つの点で子どもによくない影響を及ぼします。

一つは、学習内容の重要度の判断基準が、テストに出るかどうかということになる点です。教科の学習を通して育みたい資質・能力や理解してほしい概念よりも、子どもはテストの点数を重視するようになります。それは、授業をつまらなくするおそれがあります。

もう一つの問題は、大事な内容の判断が、教師任せになることです。子どもが学習の中で「これは大事だ」と判断して習得しようとする機会が、教師の言葉によって失われます。テストに出るかどうかは、子どもが自分で学習しながら考えて予想すべきことです。

GOOD!

ここまでの内容で、もしテストで出るとしたら、何が出そう？

教師が「テストに出るからね」と教えるのではなく、**子どもがテストを予想して学習内容を分析する機会**をつくります。「ここまでの内容で、もしテストに出るとしたら、何が出そう？」と尋ねると、学習内容の復習になります。復習をしながら語句の関連性に気付き、学習のポイントになる考え方を再確認できます。

復習に力を入れるなら、追加で「テストには、どのように出題されると思う？　予想問題を作ってみよう」と提案しましょう。一問一答だけではなく、例えば図表を使って作問すると、資料活用技能が磨かれます。記述式の問題を作ると、説明的な知識が定着し、思考した内容を的確に表現する能力が高まります。テストがすべてではありませんが、テストを入り口にして各教科で身に付けてほしい資質・能力の育成につなげます。このように、作問する学習を取り入れると、暗記で何とかしようとするテスト対策から脱却できます。

91 これじゃあいつまで経ってもできないよ

教師による決めつけグセの一種です。単に学習内容が定着しない場合というより、同じミスを何度も繰り返したり、学習意欲が見られなかったりする時に、呆れた気持ちになって言ってしまうことかもしれません。似た言い方として、「そんなやり方では…」と言ってしまうパターンもあります。

子どもの将来を危惧した発言であっても、言われた子どもは努力する気がなくなり、学習の遅れがひどくなる可能性があります。授業は学校生活の大半を占めるので、「勉強がわからない」という悩みは子どもにとっては大きなものです。大人は「子どもが学校で元気に過ごしてくれれば十分」と考えていても、子どもはそうではありません。どのような状況の子どもでも「勉強をしなければ」という思いや「勉強ができるようになりたい」という願いをもっています。教師の軽はずみな発言で、未来を閉ざしてはいけません。

GOOD!

国語の力は、どのくらい高めたいかな？
平均？ 得意と言えるくらい？ 達人？

学習において、子どもの気持ちを前向きに変えるために、**目標を具体化してから学習方法の課題と力を入れることを決める**ようにします。最初に、目指す姿をわかりやすくイメージできるように「平均的なレベル」「得意と言えるレベル」「達人レベル」など、目指す姿を複数のレベルを設定します。そして、教科ごとに子どもが自分で選べるようにします。大きな目標を決めたら、次は小さな目標を決めます。例えば、「平均に届くには、漢字ならどのくらいできればよいかな？」と、分野や内容別の目標を立てます。

そして、目標に向けた学習方法を考えます。「理科の達人になるために、最初に何から始める？」と見通しをもつように促します。また、「化学変化の単元だと、家庭学習でどう工夫する？」や「授業中に、どんな場面で活躍したい？」と、努力する方法を考えます。目標と方法がはっきりすれば、努力すべきことが焦点化され、子どもが前向きになります。

92 これで全力？ まだまだね

教師がわかった風で決めつける言い方です。子どもを発奮させる意図があっても、子どもからすると「どうしてそんなに上から目線で言うのかな」と感じることが多いでしょう。

このような言葉を発する原因は、目標と現状に大きな差があることです。子どもは、高い目標を設定しがちです。教師も子どもの足りない部分ばかりを見てしまうことがあります。その二つが組み合わされると、目指す姿と実際の子どもの様子のギャップが大きくなり、教師は「この子は努力が足りない」と判断することがあります。

しかし、目標と現状に差があるのは、当たり前です。最終的な目標に届いていなくても、子どもは少しずつ成長します。特に、学習の成果は簡単には表れません。子どもの変化に気付いて、その変化の中に成長を認めるのは、教師の役割です。「ゴールに届いていないからダメ」と判断せずに、ゴールに向かうための学びの姿に価値を見出しましょう。

GOOD!

お〜、できたね。もっと進めるかい?

言い換えとしては、温かさを感じる表現を意識しつつ、妥協はしません。まず、学習面での子どもの努力を認めます。あえて「すごい」とほめるのではなく、「できたね」と事実を言葉にします。続けて、「もっと進めるかい?」とステップアップをするかどうか、子どもに判断を委ねます。子どもが迷っていたら、「〇〇さんは〜の部分がわかっているから、もっと難しい問題に挑戦できるよ」とできていることを強調して後押しをします。

子どもが努力を重ねる意欲を高めるために、授業では評価基準を明示し、B評価からA評価に到達するための鍵を子どもが理解できるようにします。子どもたちと相談して、Aの上に「S評価」など、独自の基準を作成する方法もあります。

子どもに対する配慮は必要ですが、遠慮は不要です。遠慮すれば、子どもの成長に教師がブレーキをかけることになります。**心の底から子どもの可能性を信じましょう。**

生徒指導

学級経営

授業

93

授業

そんなことも知らないの？……まあ仕方ないか

「そんなことも知らないの？」は子どもを馬鹿にするような皮肉を込めた言葉です。聞いていた他の子どもが便乗して、その子を馬鹿にし始める場合もあります。くれぐれも、口にしてはいけません。

また、「まあ仕方ないか」と、ネガティブな評価の時に「仕方ない」と言うと、子どもは傷付き、努力する意味を見失う恐れがあります。学習面の評価は厳密に行う必要がありますが、子どもが「先生は冷たい」と感じると、教師の評価に耳を傾けなくなります。

そもそも、子どもが重要な語句や定義、概念などを知らないとしたら、それは子どものせいなのでしょうか。そうではなくて、教師の教科指導力の問題です。「そんなことも知らないの？」と嘆く前に、「どうしたらすべての子どもが大事なことを知らないという状況に陥らないで済むだろうか」と、工夫できることを考えましょう。

GOOD!

大事なことの確認ができてよかった。いったん戻って考えよう。

大事なことを知らなかった子どもを責める代わりに、教科の担当として知識が定着していない子どもがいるとわかった意義を伝えます。そして、目の前の子どもたちに合った方法で学習をするために、既習事項にいったん戻って、子どものつまずきを確認します。

気を付けたいのは「大事なことの確認ができてよかった」と言った時に、皮肉に聞こえないようにすることです。学び直しの必要性がわかり、子どもが授業の置き去りになる状況を回避できそうでほっとした気持ちを言葉に反映させます。そして、「よかった」で終わらずに、授業の展開を調整します。

子どもが学習面で期待するレベルに届かず、「できない」という状況の時に、子どものせいにするのは筋違いです。教科指導のプロとして、できないのをできるようにするのが私たちの役割です。**他責思考を捨て、指導を省みて改善する好機と捉える**ことが大切です。

生徒指導　学級経営　授業

94 やっぱり、やると思った

子どもの間違いに対して、「やっぱり、やると思った」と教師がまるで予想していたかのように言うことがあります。授業では、「〜というミスをしやすいからね」と事前に説明をしたにもかかわらず、子どもがそのミスをした時に「ほら見たことか！　だから言ったでしょ」と思って口にしがちです。この時、子どもを心配する気持ちだけではなく、予想が当たった自分をほめたくなる気持ちを抱いてしまうと、それは子どもに伝わります。

そもそも、授業での子どもの間違いに、同じものは一つとしてありません。同じ問題に同じパターンでミスしても、学びの経験が異なるからです。例えば、初めて見た問題で間違った子どもが、解き方を理解したつもりだったのに、しばらくして同じ間違いをすることがあります。教師には「また同じ間違いをして」とため息をつく暇はありません。どうすればできるようになるか、方策を考えて学習指導を改善しましょう。

GOOD!

そういうこともあるよね。私もよく間違えるからわかる。

言い換えとして、まず間違いは誰にでもあることを伝えます。「そういうこともあるよね。私もよく間違えるからわかる」と、**理解と共感の気持ち**を示します。悪い方向で想定していたことが起きた場合は、余裕をもって受け止めましょう。

次に、間違える原因を探ります。例えば、社会科の学習だと似たような別の語句と間違えることがよくあります。その場合は、「これは天保の改革ではなくて享保の改革だよ」と語句を訂正するだけだと、再び間違える可能性が減りません。この例であれば、それぞれの改革の時期の違いを確認した上で、改革の特色を説明できるようにします。説明を通して、語句レベルの知識が定着します。暗記で短期記憶をするのではなく、知識を活用することで理解として定着するようにします。**ミスの仕方を分析することで、間違いに陥りやすい思考のクセや学習方法の問題を見つけ出し、対策を子どもに助言しましょう。**

生徒指導
学級経営
授業

95

簡単な問題だから、できないとまずいよ

　若い時に、テストの後に子どもから「先生は簡単って言いましたけど、全然簡単ではなかったです」と言われたことがありました。思い返すと、子どもが解くのをあきらめないように「この問題は簡単だよ」と、深く考えもせずに言っていました。難しさの評価は相対的なものであり、人によって変わります。

　それにもかかわらず、教師が「簡単な問題だから、できないとまずいよ」と言えば、子どもに対して重圧をかけてしまいます。実技で「この技は簡単だから、できるでしょ」と教師が言うのも同じです。実際にできなかった場合は、自信をなくします。「できない人」というレッテルを貼られる心配も生じます。子どもたちは、失敗を恐れずに挑戦することができなくなります。客観的に見れば低いハードルが、子どもの目から見るとプレッシャーの影響で高く感じ、失敗をしやすくなるおそれがあります。

言い換える際には、人によって解釈が変わる「難しい・簡単」ではなく、データを根拠にします。ポイントは、正確な正答率を教えることです。適当に「正答率80％！」と言うのではなく、「去年、今の3年生がほぼ同じ問題を解いたところ、正答率は80％を超えた問題です！」や「全国学力・学習状況調査での正答率が62％です」など、具体的に伝えます。

また、ニュースを伝えるようなトーンで、改まった口調で伝えると、子どもたちは「これは大事な情報だ」と感じてくれます。**正確な情報を丁寧に伝えることで、子どもが目の前のハードルの高さを客観視しやすくなる**効果があります。

学校では「やる気を120％出そう」など、主観的な数値を使う場面が多くあります。だからこそ、学習で正確なデータを示すと、子どもの意識が変わります。

GOOD!

去年の正答率が80％を超えた問題です。

96

授業

今回はうまくできたみたいだね

たった一文字の言葉で、子どもとの関係が悪くなってしまうことがあります。授業で、ある子どもができなかったことをできるようになった時に、賞賛するつもりで「今回はうまくできたみたいだね」と言ってしまうと、子どもは「は」に引っかかりを覚えるかもしれません。前に失敗したことを思い出したり、「最初からできるのが当然だ」という皮肉が込められていると感じたりしては、ほめたことが台無しです。

子どもの心にマイナスの引っかかりができると、「みたいだね」と断定しなかったことまで「どうしてあいまいな言い方をするんだろう。本当はできていないと思っているのかな。それとも、できたところを見ていないのだろうか…」と疑心暗鬼に陥り、教師が何を言っても裏目に出ます。このように、「今回もできたね」や「今回、うまくできたね」ではなく「今回は」と言っただけで、その後の対応が難しくなることがあります。

GOOD!

できましたね。勝因は何ですか？

言い換えとして、子どもが教師の意図を誤解する表現を避けるために、インタビュアーになりきります。教師の評価を伝える前に、子ども自身の言葉を引き出します。まず「できましたね」と事実を確認してから「勝因は何ですか？」とできた理由を振り返ります。競争をする形の学習ではなく、一つ問題を解いただけの時も、大げさに「勝因」という表現にします。できたことを大げさに認めます。インタビューの最後は、「それでは、次に向けてひと言お願いします」とメッセージを求めて、次への意欲を喚起します。この一連の流れを通して子どもが自信を深めるようにします。

子どもとの信頼関係であれば、言い換え前の表現でも問題は起きないかもしれません。しかし、信頼している相手だからこそ、ちょっとした表現の違いが気になることだってあります。**言葉は教師の武器ですが、武器だからこそ慎重に扱いましょう。**

97

授業

前に教えたよね

一度教わっただけで、すべての子どもが学習内容を理解するなら苦労しません。「前に教えたよね」と、授業で扱ったことをアリバイのように主張するのは、適切ではありません。教師としての責任を子どもに押し付けることになります。教え方に課題があったという意識が欠けています。

また、テストの後に私たちが言われてドキッとするのは「習っていません」という言葉です。これは教師が「前に教えたよね」と言い訳するのと表裏一体です。教師は「一度教えればとりあえず責任を果たした」と考え、子どもは「先生から教わっていないことはできなくても仕方ない」と考えています。授業において内容（コンテンツ）の理解を重視し、資質・能力（コンピテンシー）を伸ばすことが軽視されている証拠です。「教えたのに」と愚痴を言う前に、授業の在り方と方法を見直す必要があります。

GOOD!

実は前に扱ったんだ。どの授業で扱ったか思い出せそう？

言い換えをしますが、前に扱った内容であることに触れるのは変えません。ただし、子どもではなくこちらに責任があるという意識をもって、丁寧に「実は前に扱ったんだ」と言います。特に重要な内容なら「ごめん、もっと確実にわかるようになるまで、繰り返せばよかったね」と、教師としての反省の弁を述べても構わないくらいです。

そして、思い出せるかどうかを尋ねます。その際に、その**覚えていない内容を扱った授業や単元を問う**と、子どもは該当する箇所のノートや教科書を調べることができます。教師が答えを示すのではなく、子どもが答えにたどり着くための道を示しましょう。重要な内容が定着していなかったことをバネにして、学び方を学ぶ機会にします。

細かい知識を教えないと不安になるのは、教師の性《さが》かもしれませんが、子どもは育ちません。知識や技能の身に付け方を丁寧に教えて、子どもが自ら学ぶ支援をしましょう。

98 全然勉強していないね

家庭学習などの自主学習にかかわって、ありがちな教師の口グセです。「全然勉強していないね」の言葉自体には、大きな問題がありません。ただし、「全然していない」と断定してしまうと、子どもは「少しはしているのに」と納得しないことが増えます。伝えたいことを強調したくても「全然」や「絶対」などの断定的な表現は避けるべきです。決めつけグセの傾向がある時は、意識的に気を付ける必要があります。

また、「勉強していない」や「勉強しなさい」という指摘は、子どもの行動の変化につながりません。意欲を喚起しないことに加えて、勉強する手立てが見えないからです。「勉強」が指し示す範囲が広く、子どもによって自主的に勉強を進める上での課題は、量（時間）・方法・環境など異なります。時間一つをとっても、時間帯や休憩のタイミングなど、課題は多岐にわたります。学習面での課題を克服するには、詳細な分析が必要です。

GOOD!

準備はどのくらいできた？四段階だとどのくらい？

勉強していないことを指摘せずに、「（次のテストやレポートまで）準備はどのくらいできた？」と手応えを尋ねます。子どもがどう伝えるか考えあぐねている時は、「四段階だとどのくらい？」など、尺度を例示します。子どもが「半分くらいです」などと返答したら、「できているのは、どの部分か教えて」と学習の進捗状況を確認します。さらに「準備が足りなかったことはある？」と、課題を尋ねます。学習した量のイメージを膨らませてから、**対話によって学習した内容や困っていることを課題として浮かび上がらせます。**

課題が見えてきたら、解決すべきことの優先順位を決めます。「まずは帰宅後、ご飯を食べる前に、三〇分だけは机に向かう」など、少ない負担で挑戦できることを決めます。うまくいったら承認し、続かなかったら別の取組に変えたり、目標時間を減らしたりします。小さな成果を積み重ねると、だんだんと自信がついて意欲が高まり、習慣化します。

99 入試だと×だから

中学校だと、授業だけではなく、服装などの生徒指導を含めて耳にする言葉です。授業だと「入試だと採点基準が厳しくなるから、普段の授業や校内のテストでも気を付けなさい」というメッセージです。この言葉の問題は二つあります。

一つは、入試の採点基準は公立と私立で異なる上に、公立に関しても詳細な採点基準が公開されているわけではないことです。あいまいな内容を根拠に厳しく指導するのは、ずるいやり方です。子どもが気付けば、「先生は知ったかぶりだ」と思われかねません。

もう一つの問題は、入試を軽々しく利用している点です。入試は子どもの進路を切り拓く重要な場です。将来の展望をもって大きく成長するための節目であると子どもが実感できるようにしましょう。「入試は厳しい」と脅しのように使うのは、不安を煽るだけです。入試で通用する力を付けたいという意図はわかりますが、言葉としては不適切です。

GOOD!

採点基準が何段階かあって、一番厳しい場合は…

テストの採点を含めて評価基準を統一するのは、難しいことです。「ちょっとのミス」をどこまで許容するか、記述の採点のポイントをどこに置くかなど、綿密な準備と明確な根拠が求められます。「入試だと×」のような雑な説明は通用しません。

そこで、テストなら採点基準には「ゆるい採点」から「厳しい採点」まで複数あることを正直に伝えます。それぞれの○・△・×の分かれ目を具体的に示し、テストでは「最も厳しく採点する」など、基準を事前に周知します。教科担任が違っても、同じテストでは全員に同じ基準で評価をします。レポートなどでも同様です。

評価には、有効性・明瞭性・的確性・具体性の要素が不可欠です。ブラックボックスにせず、ガラスのように透明な評価が求められます。子どもを評価するというのは、そのくらい責任が重大です。**教師の職責の重さを自覚して、誠実に子どもと向き合いましょう。**

100 続くかな?

問いグセ・皮肉グセ・わかった風グセが混ざった言葉です。子どものがんばりを目にした時に「今回はできたけど、続けるのは難しいかな」と感じると、「続くかな?」と口をついて出てしまうかもしれません。そう聞かれても、子どもは「続けます」以外のことは言いづらいものです。「続けます」と言わされたようなものです。もし続かなかった時に、教師から「約束したのに」と言われようものなら、子どもはやるせない気持ちになります。せっかくがんばって結果を出したのに、後になって責められるのは、酷なことです。

学校の授業は、好きな気持ちだけでは続きません。学び続けるには根気が必要です。教師はそれがわかるので、「そんなに甘くない」と気付かせたくて、つい厳しいことを言いがちです。しかし、子どもは今を生きています。教師として、目の前の子どもの今のがんばりを認めることが大切です。教師の言葉が、子どもの将来を左右することがあります。

GOOD!

本気を感じたよ。成長のチャンスだから、続けてほしいな。

子どものがんばりを認めて、「〇〇さんの本気を感じたよ」と言い換えます。そして、変わろうとしている今が成長の絶好機であり、努力を続けてほしいという願いを伝えます。人は、自分で決めたことを諦めずに続けようとします。子どもの成長の芽を見つけて評価をして、**子どもの「自分に嘘を付きたくない」という思いを引き出しましょう**。

大切なのは、子どもの努力が続くようにフォローを続けることです。三日坊主になりがちな子どもに対しては、「一歩踏み出せたね。次の一歩はどうする?」と、飽きないように学習方法を変えながら努力することを提案しましょう。子どもの選択肢が広がります。がんばりすぎる子どもの場合は、睡眠や運動を例にして、休息を挟むことで調子が上がると伝えます。がんばるために休むという意識を育みます。このように子どもが自ら歩み始めた時は、教師として覚悟を決めて、子どもが成果を実感するまで支援を続けましょう。

あとがき

本書で紹介した100の口グセはすべて、私が教員生活の中で耳にしたり、口にしてしまったりした言葉です。読者の皆様の中には「私はこんなことを言わない」と思う気持ちがあるかもしれません。しかし、多忙な中で子どもと向き合っていると、冷静な状況なら言わないことを口走ってしまう場合があります。その可能性を1%でも下げるために、子どもに向ける言葉を軽んじない意識と、的確に使う技能が必要です。

また、自分自身ではけっして口にしないような言葉でも、同僚が子どもに言ってしまうことがあります。組織として子どもの成長を支えるためには、教職員全員が言葉に責任をもつことが必要です。職場で「あ、本に載っていた口グセだ」と思った時は、子どもに対するフォローとケアが大切です。職員室でのちょっとした話題作りや校内研修に、本書を活用していただけると幸いです。

また、「子どもにこちらの意図が伝わらなくて曲解される心配があるなら、何も言えない」と感じた方がいるかもしれません。私自身、よかれと思って伝えた言葉が、逆効果になった経験がたくさんあります。しかし、それは子どもの曲解ではないと考えます。同じ言葉を口にしても、大丈夫な時とそうでない時があります。子どもの受け止め方は、状況によって変わります。また、ある先生に言われても子どもは気にしなくても、別の先生だとモヤモヤする場合があります。言葉は、状況や経緯、タイミング、関係性などに左右されます。また、同じ言葉でも、表情や声のトーンによっても変わります。言葉は難しいものですが、だからこそ、使いこなす必要があります。

教師の口グセは、意識すれば直すことができます。そのためには、「まえがき」で触れたように四つのステップ（感情と向き合う→言葉を頭の中で文字にする→本当に伝えたいことを考える→適切な表現にする）を踏むことが大切です。特に、教師としての感情については、ネガティブな部分を含めて否定しないことです。焦りや苛立ち、悔しさ、面倒くさい気持ちなどの負の感情を認めた上で、前向きな言葉に変えていきましょう。

もちろん、言葉を変えればすべてが解決するわけではありません。子どもたちは、教師のことをよく見ています。子どもの成長を第一に考えているのか、教師としてのプライドや保身を優先してしまっているのか、言葉の奥をよく見ています。

口グセは、教師の在り方が言葉を通して表出したものです。口グセを変えるには、在り方を見つめ直すことが大切です。言葉を通して、よりよい在り方を追い求めましょう。言葉にこだわり続ける姿勢が、私たちの教師としての内面を磨くことになります。言葉を大切にするのは、言葉を届ける相手を大切にすることにつながるからです。

私たちが言葉を届ける一番の相手は、子どもたちです。子どもの成長を心から楽しみにして、日々変化する子どもたちの姿を前向きに捉えましょう。その気持ちを言葉で伝える時には、一言一句まで真摯にこだわりましょう。そうすれば、次第に言葉が磨かれていきます。子どもに伝える言葉を磨くことで、教師としての振る舞いが変わります。子どもへ言葉をかけるプロフェッショナルとしての力量が高まります。

さて、本書は私にとって十四冊目の単著です。一冊目からすべての本を担当し、今回も企画から構成までお力を借りたのが、明治図書出版の大江文武さんです。言葉を言い換えるテーマの本は、よく目にします。そこで、言い換えのテクニックではなく、教師がまるで口グセのように言う内容に注目しました。口グセの背景や子どもに与える影響を述べた上で、言い換えの例を紹介しました。言い換えについては、ひと言で解決しない場合があるため、その後の対話の流れを多く述べました。また、言葉の根底にある教師としての考え方を書くようにして、ハウツー本に留めないことを目指しました。本書を読んで「言葉だけではなく、学級経営を変えることができそう」と思っていただけたなら、それはすべて大江さんのアイデアのおかげです。大江さんからは企画段階から執筆中までいつも温かく、鋭い言葉をいただき、安心して書き進めることができました。厚く御礼申し上げます。

私が目指し続けているのは、教室を温泉のような場所にすることです。温泉のような教室は、心がほっとする居場所として機能します。心地よくて元気になる手段があります。教室で共に過ごす仲間とは、言いづらいこともいざという時に話せる関係性があります。学級をそんな場所にしたいと考えて、子どもたちとかかわってきました。今は管理職なので、温泉のような職員室、温泉のような学校を目指しています。

私たち教師は、言葉を扱って他者とかかわる職業です。言葉に責任をもち、教師の悪い口グセを乗り越えましょう。思いを込めた言葉を磨くきっかけとして、本書がお役に立てば幸いです。そして、皆さんの学校が温かい言葉で満たされることを願っています。

二〇二五年二月

川端　裕介

【著者紹介】

川端　裕介（かわばた　ゆうすけ）

北海道八雲町立野田生中学校教頭。

1981年札幌市生まれ。北海道教育大学札幌校大学院教育学研究科修了（教育学修士）。NIE アドバイザー。マイクロソフト認定教育イノベーター（MIEE）。社会科教育では，平成24年度法教育懸賞論文にて公益社団法人商事法務研究会賞，第64回読売教育賞にて社会科教育部門最優秀賞，第29回東書教育賞にて奨励賞などの受賞歴がある。また，学級通信を学級経営に活用し，第13回「プリントコミュニケーションひろば」にて最優秀賞・理想教育財団賞，第49回「わたしの教育記録」にて入選などの受賞歴がある。

［主な著書］

『豊富な実例ですべてがわかる！中学校クラスが輝く365日の学級通信』（2018），『川端裕介の中学校社会科授業』シリーズ（2021～2022），『図解＆フローチャートでわかる中学校社会科教材研究のすべて』（2024），『子どもをその他大勢にしない学級づくり』（2024），『忙しくてもなぜか余裕のある先生にだけ見えていること』（2024），いずれも明治図書出版。

教師の口グセ変換100

2025年4月初版第1刷刊 ©著　者　川　端　裕　介

発行者　藤　原　光　政

発行所　明治図書出版株式会社

http://www.meijitosho.co.jp

（企画）大江文武（校正）奥野仁美

〒114-0023　東京都北区滝野川7-46-1

振替00160-5-151318　電話03（5907）6701

ご注文窓口　電話03（5907）6668

＊検印省略　組版所　株式会社アイデスク

Printed in Japan　ISBN978-4-18-266646-9